== BIBLIOTHÈQUE ==
DE L'ÉCOLE DU GÉNIE CIVIL
Publiée sous la direction de M. Julien Galopin, Ing.

LÉGISLATION
DE
L'ÉLECTRICITÉ

Par CARREAU
Avocat, Docteur en Droit

PUBLICATIONS D'ENSEIGNEMENT TECHNIQUE
BERNARD GRASSET, ÉDITEUR
61, Rue des Saints-Pères — PARIS
1920

EXAMENS SPÉCIAUX

Auxquels prépare par correspondance l'École du Génie Civil.

Écoles Spéciales et Examens Particuliers

L'École prépare à toutes Écoles spéciales suivantes : Écoles d'Hydrographie, Écoles d'Arts et Métiers, Écoles des Mécaniciens de Brest, Toulon et Lorient, Instituts techniques spéciaux, École supérieure d'électricité, École supérieure d'Aéronautique, École Centrale, Écoles de Physique et Chimie etc.

Préparations spéciales à tous les examens des Douanes, des Postes, des Ministères, des Chemins de fer ; préparation spéciale aux Brevets simple, supérieur de l'Enseignement Primaire, ainsi qu'aux divers Baccalauréats, Certificats, Licences.

Industrie

Préparation à tous les grades (Contremaîtres, Conducteurs, Sous-Ingénieurs et Ingénieurs), pour la Mécanique, l'Électricité, les Mines, les Travaux Publics, etc.

Mécaniciens pour Usines et Ateliers : Électriciens. — Chefs mécaniciens. — Conducteurs électriciens. — Ingénieurs et Dessinateurs Industriels. — Contremaîtres et Chefs d'ateliers. — Ingénieurs et Sous-Ingénieurs.

Cours spéciaux de Contremaîtres, Dessinateurs et Ingénieurs des Constructions navales.

Marine de Guerre

Matelot élève mécanicien ; Quartier-maître mécanicien ; Brevet élémentaire de mécanicien ; Cours du brevet supérieur de mécanicien-électricien, etc. : Admission au cours des élèves officiers (machine et pont) ; Examen direct pour le grade de mécanicien principal ; Examen de quartier-maître préparatoire à l'examen d'élève officier de vaisseau ; Obtention du grade d'officier électricien et d'officier des autres spécialités ; Écoles techniques élémentaire et supérieure des arsenaux ; Commis de la marine ; Commissaires et Administrateurs de l'Inscription maritime ; Écoles navales et de Génie maritime ; Ingénieurs d'Artillerie navale ; Agents et Officiers des Travaux hydrauliques.

Marine de Commerce

Brevets de capitaines au Bornage, au Cabotage et au Long Cours ; Brevet pratique de mécanicien pour machines à vapeur ; Brevet pratique de mécanicien pour autres moteurs ; Brevet d'officier mécanicien de 2ᵉ classe ; Brevet d'officier mécanicien de 1ʳᵉ classe ; Brevet d'élève-officier mécanicien ; Emplois d'électriciens dans les grandes Compagnies ; Emplois d'élèves mécaniciens.

Armée

Officiers du service aéronautique. — Officiers mécaniciens. — Saint-Maixent. — Vincennes. — Saumur. — Versailles. — Dessinateurs de l'Armée. — Aspirants de toutes armes. — Saint-Cyr. — Polytechnique, etc.

Administrations

Adjoints techniques, dessinateurs et mécaniciens des Ponts et Chaussées. — Agents et Sous-Agents techniques des Poudres et Salpêtres. — Mécaniciens électriciens, Dessinateurs de la voie et de la traction, Piqueurs, emplois divers des Chemins de fer. — Mécaniciens et dessinateurs des Postes et Télégraphes. — Mécaniciens et dessinateurs des Manufactures de Tabacs. — Dessinateurs et calqueurs du Ministère de la Guerre, etc.

Préparations Spéciales

Outre sa préparation aux examens ou carrières précités, l'École se tient à la disposition de toutes les personnes n'ayant qu'une ou plusieurs parties à approfondir pour leur faire sur les matières qui les concernent (en tant que celles-ci sont du ressort de ce qu'enseigne l'École) des préparations spéciales à des prix extrêmement avantageux.

En particulier elle a des préparations très suivies de T. S. F., Automobiles, Aviation, Langues vivantes, etc.

Elle prépare également à tous les emplois réservés aux anciens sous-officiers.

Cours de Vacances, Cours du Soir, du Dimanche matin,
Leçons Particulières

Des cours spéciaux sont organisés à toute époque et pour toutes les matières de nos programmes.

Les cours les plus suivis sont ceux de Mathématiques, Dessin et Croquis industriels appropriés à toutes les spécialités, cours démonstratifs sur les pièces elles mêmes des différentes branches techniques.

Enseignement Technique Supérieur

pour l'Industrie, la Marine, l'Armée, les Administrations et les Grandes Ecoles

ÉCOLE DE GÉNIE CIVIL ET DE NAVIGATION

Directeur : M. Julien GALOPIN, Ingénieur Civil, Ex-Officier Mécanicien

Cours sur Place et par Correspondance

COURS

DE

LÉGISLATION DE L'ÉLECTRICITÉ

Professeur : M. CARREAU

Docteur en Droit

ÉDITION
DE L'ÉCOLE DE GÉNIE CIVIL ET DE NAVIGATION

ENSEIGNEMENT SUR PLACE PAR CORRESPONDANCE

COURS DE LÉGISLATION DE L'ÉLECTRICITÉ

La législation de l'électricité visé plus spécialement les *distributions d'énergie électrique*; mais pour être complète, nôtre étude doit déterminer aussi les règles qui s'imposent dans les usines, c'est-à-dire *dans l'enceinte de la production.*

Nous examinerons donc, en premier lieu, les *conditions de production* de l'énergie électrique; en deuxième lieu, le *régime légal des distributions* d'énergie électrique, enfin, *l'utilisation ou consommation* de l'énergie électrique.

Auparavant, nous croyons utile de faire un rapide historique de la législation française visant les distributions, et plus spécialement de la loi fondamentale du 15 Juin 1906.

HISTORIQUE

Ainsi que nous le verrons plus loin, l'énergie électrique est produite dans l'usine; il faut ensuite pour qu'elle puisse être utilisée pour la lumière, la force motrice, la chaleur etc., que son transport hors de l'usine soit facile.

Déjà, en 1883, des expériences montrèrent la possibilité de transporter l'énergié électrique à des distances de plus de 50 kilomètres avec un rendement supérieur à 45 %; depuis lors, des progrès ont été faits, et on est arrivé, en ces dernières années, à des résultats pratiques remarquables.

En Suisse, en Allemagné et surtout en Amérique, les entreprises de distributions d'énergie électriques se sont développées dans des proportions considérables, alors qu'en France, en 1889 nous n'avions pour l'ensemble des distributions qu'une puissance de 60.000 chevaux. Ce développement restreint des entreprises de distributions en France, devait être attribué à l'absence d'une loi organique réglant leur établissement et leur fonctionnement. Les capitalistes hésitaient à mettre leur argent dans une industrie nouvelle.

Il y avait bien une loi du 25 Juin 1895 concernant l'établissement des conducteurs d'énergie électrique autres que les conducteurs télégraphiques et téléphoniques, mais, d'après cette loi, l'administration ne pouvait donner aux transports d'énergie pour l'occupation des voies publiques, que des permissions de voirie, toujours précaires et révocables ; or, les distributions d'énergie sont obligées le plus souvent d'emprunter les voies publiques.

La même loi de 1895, visait aussi les cas où les conducteurs électriques seraient installés sur des propriétés privées. L'article 1, décidait que, dans cette dernière hypothèse, il n'y avait pas besoin de déclaration ou d'autorisation, c'était donc la liberté absolue.

Cependant, d'après l'article 2, si les conducteurs établis sur des voies privées, se trouvaient à moins de 10 mètres d'une ligne télégraphique ou téléphonique, il fallait une déclaration de l'entrepreneur, et une autorisation du Préfet.

Enfin, l'article 4 de la loi édictait les prescriptions à observer en cas d'emprunt des voies publiques : « aucun conducteur ne peut être établi au dessus, ou au dessous des voies publiques *sans une autorisation* donnée par le préfet, ou l'avis technique des Ingénieurs des Postes et Télégraphes. »

Nous l'avons dit, ces autorisations toujours précaires et révocables, ne donnaient pas de sécurité aux capitaux engagés dans les entreprises ; il aurait fallu pour cela, des concessions simples ou avec déclaration d'utilité publique. Or, une concession ne pouvait être obtenue, pour chaque espèce déterminée, que par un acte du pouvoir législatif, c'est-à-dire par une loi ; ce qui amenait fatalement des lenteurs et des difficultés devant lesquelles les entrepreneurs de distribution d'énergie électrique reculaient, et ils préféraient s'en tenir aux simples autorisations préfectorales (1).

Les seules concessions accordées avec cahier des charges furent communales, et on peut citer à titre d'exemple, la Ville de Paris qui fût divisée en secteurs.

Une loi organique, réglant la matière, s'imposait donc. En 1897, un projet de loi fut déposé, tendant à permettre aux entrepreneurs de distribution d'énergie électrique, d'obtenir des concessions simples ou d'utilité publique, aussi bien que des permissions de voirie. Le rapporteur du projet fut Mr Guillain.

Un deuxième projet fut mis à l'étude, de 1898 à 1902 et fit l'objet d'un rapport de Mr Berthelot (26 juin 1899). La discussion vint à la Chambre en 1900, mais il y eut renvoi à la commission.

Enfin, Mr Janet déposa un nouveau projet, le 3 Décembre 1904. Sa proposition fût renvoyée à la commission des usines hydrauliques qui la remania. Mr Janet, au nom de la commission, soumit à nouveau à la Chambre le projet ainsi remanié, et il fût voté, l'urgence étant déclarée, le 27 février 1906. La loi passa au Sénat le 12 juin, après rapport de Mr Chautemps.

La loi sur les distributions d'énergie fût promulguée le 15 juin 1906 et insérée au Journal officiel, le 17 juin suivant.

La loi du 15 juin 1906 s'applique à toutes les distributions d'énergie électrique, mais uniquement et exclusivement *aux distributions*, c'est-à-dire aux lignes, canalisations, sous-stations,

(1) On peut citer cependant une déclaration d'utilité publique du 9 juillet 1892, relative à une distribution d'énergie produite par une chute d'eau dérivée du Rhône en amont de Lyon.

postes de transformation et tous autres ouvrages servant au transport du courant.

Elle vise les distributions d'énergie électrique, soit qu'elles empruntent les voies publiques, soit qu'elles empruntent les propriétés privées, qu'elles soient destinées à un service public ou à un service privé; mais la loi laisse entièrement de côté, tout ce qui touche à la production du courant et son utilisation (usines, appareils etc,.)

Une série de décrets ont été promulgués à la suite de la loi de 1906.

1°. — Décret du 7 février 1907 concernant le fonctionnement du Comité d'électricité.

2°. — Décret du 17 octobre 1907, organisant le service de contrôle des distributions d'énergie électrique, en exécution de l'article 18 (3°) de la loi du 15 juin 1906.

3°. — Décret du 17 octobre 1907, portant fixation des redevances prévues par l'article 18 (7°) de la loi du 15 juin 1906, pour l'occupation du domaine public par les entreprises de distribution d'énergie.

4°. — Arrêté du 21 Mars 1908, remplacé par *la circulaire et l'arrêté du 21 Mars 1910*, déterminant les conditions techniques auxquelles doivent satisfaire les distributions d'énergie électrique pour l'application de la loi du 15 juin 1906.

5°. — Décret du 3 Avril 1908, portant réglement d'administration publique pour l'application de la loi du 15 juin 1906.

6°. — Décret du 11 juillet 1907, sur la protection des travailleurs dans les établissements qui mettent en service des courants électriques, décret qui a complété celui du 29 Novembre 1904, relatif à l'hygiène et à la sécurité du travail des ouvriers et employés.

CHAPITRE Ier

Production de l'énergie électrique

L'énergie électrique est produite, soit par moteurs à vapeur, à gaz et à pétrole, soit par moteurs hydrauliques (*houille blanche*).

Il y a peu à dire sur les moteurs de la première catégorie; ceux à vapeur utilisés pour les installations importantes, sont soumis aux prescriptions du décret du 9 octobre 1907 (voir aux annexes) ceux à gaz et à pétrole employés principalement pour les petites installations, sont régies par des dispositions générales (sécurité des travailleurs).

Au contraire, la production par moteurs hydrauliques (houille blanche) a donné lieu à une série de projets de réglementation des usines que nous allons passer en revue.

La France a un sous-sol assez pauvre en houille et, par conséquent, la consommation de la houille pour la production de l'électricité revient à un prix élevé.

Le premier, un ingénieur de l'Ecole centrale, Mr Bergès a pensé, pour remédier à cet état de choses à produire l'électricité en utilisant l'eau des rivières et des torrents. C'est ainsi que Mr Bergès a lancé un mot, et surtout une idée qui firent fortune.

« A la houille noire de la mine, il faut substituer la houille blanche du glacier. »

La houille blanche a l'avantage considérable d'être inépuisable, et dès qu'il fut reconnu que son utilisation était possible, l'idée de Mr Bergès fit de rapides progrès.

Dès 1900-1901, d'importantes usines hydro-électriques existaient dans l'Isère, la Savoie, la Haute-Savoie, dans les Pyrénées, les Vosges, le Doubs, etc. ; on évaluait à ce moment là, à 48 000 environ le nombre des établissements pourvus de moteurs hydrauliques, représentant au total, une puissance de 575 000 chevaux-vapeur.

Le nombre des usines hydro-électriques a encore augmenté depuis cette date, mais pas dans les proportions que l'on pouvait espérer. Cela tient aux entraves que la loi a apporté aux industries privées.

a). Législation en vigueur pour les usines de production. — Les lois en vigueur distinguent : les cours d'eau navigables et flottables, considérés comme dépendances du domaine public (Loi du 8 Avril 1898 art. 34) et les cours d'eau non navigables ni flottables.

L'Etat, agissant dans un but d'utilité publique, a toutes facilités pour capter la force motrice dans les cours d'eau ; l'industrie privée n'a pas les mêmes moyens.

Sur les cours d'eau non navigables, les droits des riverains sont assez nettement déterminés par l'article 3 de la loi de 1898. Cet article spécifie que seuls les riverains ont usage exclusif de l'eau et ils sont seuls par conséquent, à pouvoir établir des usines. L'industriel non riverain se trouve donc en mauvaise posture pour aménager une chute d'eau sur un cours d'eau ; il se heurte à la spéculation pour l'achat des terrains et même lorsqu'il a pu se rendre riverain, il n'est pas au bout de ses peines, car il ne bénéficie pas des servitudes prévues par les lois du 29 Avril 1845 et 11 Juillet 1847, en faveur des arrosants (droits d'appui de barrage, droits de passage).

Et même lorsqu'il croit être en possession régulière de son droit de riverain, il peut se heurter encore à des constestations, surtout dans les pays montagneux où règne souvent l'indivision entre les co-propriétaires.

Sur les cours d'eau navigables ou flottables qui sont considérés comme domaine public, l'Etat peut accorder des autorisations pour l'établissement d'usines hydrauliques, autorisations toujours précaires en raison de l'inélianabilité du domaine public auquel appartiennent les cours d'eau et toujours révocables sans indemnité,

Pour remédier à cet état de choses, préjudiciable à l'existence de l'industrie hydro-électrique, divers projets ont été soumis au vote des Chambres.

Une première proposition fut faite en Mars 1898 par Mr Jouart, proposition qui reposait sur le principe de la concession. Ce projet fut repris en 1900, par MM. Pierre Baudin et Jean Dupuy ; abandonné de nouveau, puis repris le 21 juin 1906, par MM. Baudin et Millerand.

La base du système restait la concession d'un caractère temporaire et à son expiration, l'usine appartiendrait à l'Etat, sans aucune indemnité.

Les projets dont il vient d'être parlé, soulevèrent des réclamations très vives dans les milieux industriels, et surtout parmi les propriétaires riverains. Ils furent repoussés par la commission des usines hydrauliques.

D'autres projets vinrent ensuite, celui de Mr Guillain, celui de MM. Haurion et Ader, et enfin celui de Mr Mougeot du 15 janvier 1904. Ce dernier n'était relatif qu'aux usines hydrauliques établies sur les cours d'eau non navigables ni flottables, il fut pris en considération et remanié quelque peu par un projet Ruau, et ce fut le projet Mougeot-Ruau que Mr Lebrun soumit en 1908 au vote de la Chambre. Il distingue les usines hydrauliques privées, et celles déclarées d'utilité publique; pour les premières, l'établissement est soumis à une autorisation, les deuxièmes déclarées d'utilité publique, peuvent faire l'objet d'une concession.

Le projet Mougeot-Ruau est encore en suspens.

De son côté, Mr Barthou a présenté à la Chambre le 8 juillet 1908, un projet de loi, relatif aux usines hydrauliques sur les cours d'eau et canaux du domaine public; les usines sont divisées en usines autorisées, et en usines concédées.

Le projet Barthou fut voté par la Chambre dans sa séance du 16 juillet 1909. Soumis au Sénat, il a fait l'objet de nombreuses discussions, mais il est encore en suspens.

Les évènements des dernières années n'ont pas été de nature à favoriser l'étude et le vote de projets qui seraient cependant nécessaires pour faciliter l'établissement d'usines de production.

Une loi sur le régime des forces hydrauliques est en ce moment (1919) à l'étude devant la Chambre des députés. Un exposé en a été fait par Mr Léon Perrier à la séance du 15 Avril 1919. Le régime proposé par la commission prévoit des concessions de 75 ans, accordées par l'Etat, moyennant des redevances fiscales et contractuelles.

b). Construction des usines de production. — Les usines électriques ne sont pas classées parmi les établissements dangereux, insalubres ou incommodes; par suite il n'est besoin d'aucune autorisation, d'aucune enquête, d'aucune formalité administrative pour leur construction.

Cependant, lorsqu'une usine électrique emploie des moteurs à gaz et que le gaz est emmagasiné dans des réservoirs d'une capacité supérieure à 10 mètres cubes, l'autorisation administrative (donnée par le sous-préfet) après avis du maire, est nécessaire. L'usine, dans ce cas, est en effet rangée dans la 3e catégorie des établissements insalubres (décret du 19 juin 1909) ceci en raison des inconvénients d'odeur et du danger d'incendie qu'elle peut alors présenter.

Bien qu'en général ainsi que nous venons de le dire, aucune autorisation ne soit nécessaire pour l'établissement des usines électriques, elles ne sont cependant pas à l'abri des réclamations qui peuvent surgir lorsqu'elles sont installées à proximité d'immeubles habités, de champs cultivés, de pâturages ou forêts.

Dans quels cas les tiers qui se prétendent lésés par le voisinage d'une usine ont-ils droit à des dommages-intérèts.

En se basant sur les articles 1382 et 1383 du Code civil, il est admis en principe, qu'un industriel est tenu d'indemniser les voisins du dommage que son industrie leur cause *si ce dommage excède les obligations ordinaires du voisinage*. Les tribunaux ont, sur ce point, un droit souverain d'appréciation, ils accordent des dommages toutes les fois qu'ils estiment que le préjudice causé de quelque nature qu'il soit, dépasse la mesure de ces obligations, eu égard aux localités où est situé l'établissement. Il suffit que les voisins fassent la preuve d'un préjudice résultant, soit d'un bruit intense qui imprime des secousses aux murs des propriétés voisines, soit de la fumée, soit des infiltrations corrompant l'eau d'un puits voisin, etc...

Mais encore faut-il qu'il s'agisse d'un bruit tout à fait anormal, d'une fumée causant un dommage réel, etc,...

D'une manière générale, les tribunaux se montrent d'autant plus disposés à accueillir les demandes en dommages-intérêts des tiers, qu'il se trouve mieux établi que le propriétaire de l'usine pouvait facilement obvier aux incommodités, au moyen de certaines précautions qu'il a négligé de prendre.

En ce qui concerne la fixation des dommages-intérêts à attribuer, les juges ont aussi tout pouvoir en tenant compte des circonstances, sans faire de distinction entre le dommage passé et le dommage futur. C'est ainsi que dans un arrêt du 6 juin 1902, le Conseil d'Etat a décidé que l'indemnité à allouer au propriétaire d'un immeuble contigu à une usine qui provoque une trépidation et une fumée excessives, peut consister en un paiement annuel, qui sera effectué, tant que le dommage n'aura pas diminué.

c). Réglementation du travail des ouvriers dans les usines électriques. — Le travail des ouvriers dans les usines électriques est régi par les lois qui s'appliquent aux ouvriers en général et qui concerne la durée du travail, le repos hebdomadaire, les accidents, l'hygiène et la sécurité des travailleurs. Nous ne pouvons au cours de cette étude, que résumer les dispositions essentielles.

1). Durée du travail. — Disons tout d'abord que les enfants ne peuvent être admis dans les usines avant l'âge de 13 ans révolus. Toutefois, l'article 2 de la loi de 1892, permet d'employer à partir de l'âge de 12 ans, les enfants munis du certificat d'études primaires, et qui ont, en outre, un certificat d'aptitude physique.

La loi du 9 Septembre 1848, a établi que la journée de travail de l'ouvrier adulte dans les manufactures et usines ne doit pas excéder 12 heures de travail effectif. Celle du 30 mars 1900 a décidé que dans les usines qui emploient dans les mêmes locaux des hommes adultes et des enfants âgés de moins de 18 ans, des filles mineures ou des femmes, la journée des ouvriers adultes ne peut excéder 10 heures.

Cependant, dans certains cas et pour certains ouvriers speciaux, la journée de travail peut excéder ces limites, ainsi qu'il est prévu à l'article 1er du décret du 28 mars 1902. L'inspecteur du travail doit être régulièrement prévenu, et si la faculté réclamée ne lui paraît pas justifiée, il en avisera l'industriel (article 3 du décret).

La loi du 23 avril 1919 a ramené la durée du travail à 8 heures par jour en moyenne. Voici les dispositions fondamentales de cette loi :

ART. 1er. — Le chapitre II, durée du travail, du titre 1er du livre II du code du travail et de la prévoyance sociale, est modifié comme suit :

ART. 6. — Dans les établissements industriels et commerciaux ou dans leurs dépendances, « de quelque nature qu'ils soient, publics ou privés, laïques ou religieux, même s'ils ont un « caractère d'enseignement professionnel ou de bienfaisance, la durée du travail effectif des ou- « vriers ou employés de l'un ou de l'autre sexe et de tout âge, ne peut excéder soit huit heures « par jour, soit quarante huit heures par semaine, soit une limitation équivalente établie sur « une période de temps autre que la semaine ».

2). *Repos hebdomadaire.* — Le repos hebdomadaire a été établi pour tous les ouvriers et employés par la loi du 13 juillet 1906.

En principe, le repos doit avoir une durée de 24 heures consécutives au minimum et être donné le Dimanche.

Des dérogations sont prévues pour certains établissements, et notamment pour les entre-prises d'éclairage et de distribution de force motrice. Ces établissements sont autorisés à donner le repos hebdomadaire *par roulement.* En outre, si lesdits établissements occupent moins de 5 ouvriers et employés, le repos peut être donné par demi-journée.

En cas de travaux urgents ayant pour but des mesures de sauvetage, de prévenir des acci-dents ou réparer des accidents, l'article 4 de la loi de 1906 permet de suspendre le repos hebdo-madaire. L'inspecteur du travail de la circonscription doit être avisé avec toutes les indications nécessaires sur la date et la durée de la suspension, sur le nombre d'ouvriers auxquels elle s'applique etc,...

L'exécution de la loi sur le repos hebdomadaire et le contrôle des jours de repos, sont assu-rés par une série de prescriptions édictées par les décrets du 24 août 1906 et 13 juillet 1907.

En dehors des entreprises d'éclairage et de distribution de force motrice qui sont admises légalement au bénéfice du repos par roulement pour les raisons d'intérêt général et d'utilité pu-bliques, d'autres entreprises présentant quelque connexité avec l'industrie électrique bénéficient du même régime, à la condition que la nature du travail soit telle que toute interruption en-traînerait la perte ou la dépréciation du produit en cours de fabrication (art. 3 de la loi de 1906) Ces établissements sont énumérés par le décret du 14 août 1907; ils comprennent notamment les fabriques d'accumulateurs électriques, de câbles électriques, de charbons pour l'électricité etc,...

3). *Accidents du travail.* — La loi du 9 avril 1898, complétée par celle du 12 avril 1906, s'ap-plique à tous les établissements industriels et à toutes les entreprises commerciales. Elle vise, par conséquent, les ouvriers et employés occupés dans l'industrie électrique. Disons simple-ment que cette loi, qui ne rentre pas dans le cadre de notre étude, s'applique à tous les acci-dents survenus par le fait du travail ou à l'occasion du travail.

La loi de 1898 est la loi fondamentale sur les accidents du travail; d'autres textes posté-rieurs régissent aussi la matière : lois des 30 Juin 1899, 22 Mars 1902, 31 Mars 1905, 12 Avril 1906, 18 Juillet 1907, 26 Mars 1908, 29 Mai 1909, décrets des 28 Février 1899, 23 Mars 1902, 30 Juillet 1907.

4). *Hygiène et sécurité des travailleurs.* — La loi fondamentale est celle du 12 juin 1893 ; elle a été modifiée par celle du 11 juillet 1909. Les prescriptions relatives à son application ont été édictées par les décrets du 29 novembre 1904, 6 août 1905, 22 Mars 1906, 11 juillet et 7 Décembre 1907.

La loi de 1893-1903 vise tous les établissements, usines et leurs dépendances, magasins et bureaux qui doivent être tenus dans un état constant de propreté, et aménagés de manière à garantir la sécurité des travailleurs.

Nous ne pouvons ici citer tous les textes; nous nous contenterons de rappeler les articles 10, 12, 13, 14 et 15 du décret du 29 novembre 1904, qui s'appliquent aux producteurs d'énergie électrique.

« Art. 10. — Les moteurs à vapeur, à gaz, les moteurs hydrauliques, les roues hydrauliques, les turbines, ne seront accessibles qu'aux ouvriers affectés à leur surveillance. Ils seront isolés par des cloisons ou barrières de protection.

Les passages entre les machines, mécanismes, outils mus par ces moteurs, auront une largeur d'au moins quatre-vingt centimètres; le sol des intervalles sera nivelé.

Les escaliers seront solides et munis de fortes rampes.

Les puits, trappes, cuves, bassins, réservoirs de liquides corrosifs ou chauds seront pourvus de solides barrières ou garde-corps.

Les échafaudages seront munis, sur toutes leurs faces, de garde-corps rigides de 90 centimètres de haut.

Les ponts volants, passerelles pour le chargement et le déchargement des navires devront former un tout rigide et être munis de garde-corps des deux côtés. »

« Art. 12. — Toutes les pièces saillantes mobiles et autres parties dangereuses des machines, et notamment les bielles, roues, volants, les courroies et câbles, les engrenages les cylindres et cônes de frictions ou tout autres organes de transmission qui seraient reconnus dangereux seront munis de dispositifs protecteurs, tels que gaînes et chéneaux de bois ou de fer, tambours pour les courroies et les bielles, ou de couvre-engrenages, garde-mains, grillages.

Les machines-outils à instruments tranchants tournant à grande vitesse, telle que machines à scier, fraiser, raboter, découper, hacher; les cisailles, coupe-chiffons et autres engins semblables, seront disposés de telle sorte que les ouvriers ne puissent de leur poste de travail, toucher involontairement les instruments tranchants.

Sauf le cas d'arrêt du moteur, le maniement des courroies sera toujours fait par le moyen de systèmes, tels que monte-courroies, porte-courroies, évitant l'emploi direct de la main.

On devra prendre autant que possible des dispositions telles qu'aucun ouvrier ne soit habituellement occupé à un travail quelconque dans la place de rotation ou aux abords immédiats d'un volant, d'une meule ou de tout autre engin pesant ou tournant à grande vitesse.

(*Décret 7 déc. 1907.*) Toute meule tournant à grande vitesse devra être montée ou enveloppée de telle sorte qu'en cas de rupture ses fragments soient retenus soit par les organes de montage, soit par l'enveloppe.

Une inscription très apparente placée auprès des volants, des meules et de tous autres engins pesants et tournant à grande vitesse, indique le nombre de tours par minute qui ne doit pas être dépassé.

Art. 13. — La mise en train et l'arrêt des machines devront toujours être précédés d'un signal convenu.

Art. 14. — (Modifié par le décret du 7 Décembre 1907) « L'appareil d'arrêt des machines motrices sera toujours placé sous la main des conducteurs qui dirigent ces machines et en dehors de la zone dangereuse.

Les contremaîtres ou chefs d'ateliers, les conducteurs de machines-outils, métiers etc, auront à leur portée le moyen de demander l'arrêt des moteurs.

Chaque machine-outil, métier, etc., sera en outre installé et entretenu de manière à pouvoir être isolé par son conducteur de la commande qui l'actionne. »

Art. 15. — « Des dispositifs de sûreté devront être installés dans la mesure du possible, pour le nettoyage et le graissage des transmissions et mécanismes en marche.

En cas de réparation d'un organe mécanique quelconque, son arrêt devra être assuré par un calage convenable de l'embrayage ou du volant, il en sera de même pour les opérations de nettoyages qui exigent l'arrêt des organes mécaniques. »

Toutes les prescriptions que nous venons d'énumérer sont générales. Le décret du 11 juillet 1907 (¹) a édicté des dispositions spéciales de protection pour les établissements mettant en œuvre des courants électriques. On trouvera aux annexes le texte du nouveau décret. Le décret constitue en quelque sorte, la charte technique des installations d'usines électriques au point de vue de leur réglementation légale, mais il convient de bien observer que *ces dispositions ne s'appliquent pas aux distributions d'énergie électrique en dehors de l'enceinte des usines de production.*

<h1 style="text-align:center">CHAPITRE II</h1>

Classification des distributions d'énergie électrique
Régime des distributions établies sur des terrains privés

Nous avons vu dans notre historique, que les distributions d'énergie électrique peuvent être établies, soit sur des terrains privés, soit et c'est le cas le plus fréquent, sur des voies publiques.

La loi de 1906 distingue ces deux catégories de distributions; nous aurons donc à les examiner successivement.

Au présent chapitre, nous allons étudier les distributions d'énergie électrique n'empruntant pas les voies publiques. Le régime établi par la loi de 1906 pour cette catégorie est le même que celui prévu aux articles 1 et 2 de la loi de 1895. Il y a donc liberté absolue d'installation ou autorisation suivant que les canalisations sont établies à plus ou moins de 10 mètres de distance horizontale d'une ligne télégraphique ou téléphonique.

a). Canalisations établies à plus de 10 mètres d'une ligne télégraphique ou téléphonique. — Il y a peu à dire sur ce point, puisque nous sommes ramenés à la loi de 1895 c'est-à-dire à la liberté absolue d'établissement et d'exploitation sans aucune formalité ; il n'y a pas lieu par conséquent à autorisation ou même à déclaration.

b). Canalisations établies à moins de 10 mètres d'une ligne télégraphique ou téléphonique. — L'article 2 de la loi de 1906 est formel. Il faut « une autorisation délivrée dans les conditions spécifiées au titre II de la loi. »

(1) Ce texte a été commenté par une circulaire ministérielle du 12 mai 1908 et remplacé par le décret du 1ᵉʳ Oct. 1913.

Ces conditions sont les suivantes. L'entrepreneur de distribution d'énergie électrique doit adresser une demande au Préfet du département, établie en double expédition et accompagnée d'un plan donnant le tracé de la ligne et un état de renseignements.

Pour l'état de renseignements, il y a un modèle prévu par la circulaire ministérielle du 18 novembre 1908, et celui qui accompagne le plan doit être conforme à ce modèle, arrêté par le ministre. Pour l'obtenir, il faut s'adresser à l'administration des Postes.

Le Préfet transmet la demande d'autorisation à l'ingénieur en chef du contrôle ; celui-ci n'examine pas la demande sur le fond, il se contente de constater que les ouvrages projetés sur des terrains privés ont besoin ou non d'une autorisation, à raison de la distance qui les sépare des lignes télégraphiques ou téléphoniques. Dans l'affirmative, il adresse la demande à l'ingénieur en chef des Télégraphes du département. C'est de ce dernier que dépend l'autorisation. En effet, s'il émet un avis favorable, c'est-à-dire s'il estime que les travaux projetés sont bien établis et ne lui semblent pas de nature à troubler les communications télégraphiques ou téléphoniques, le Préfet accorde l'autorisation ; dans le cas contraire, l'ingénieur en chef des Télégraphes soumet des observations au demandeur en lui faisant prendre les *engagements nécessaires* pour les modifications à établir. La demande revient alors au préfet qui accorde l'autorisation dans un délai de 3 mois à partir de la première demande.

Si l'on se reporte au chapitre III de l'arrêté du 21 mars 1908, les modifications qui peuvent être exigées par l'ingénieur des Postes et télégraphes visent, en ce qui concerne les distributions établies sur propriété privée, la protection des lignes télégraphiques et téléphoniques.

Exploitation. — Une fois l'autorisation accordée, les travaux peuvent être exécutés, sans autre formalité. L'entrepreneur doit, avant tout, veiller à n'apporter aucun trouble dans les transmissions télégraphiques ou téléphoniques effectuées sur les lignes préexistantes (article 4 § 3 de la loi de 1906.)

Si un trouble se produit ou est possible, l'entrepreneur doit se mettre d'accord avec l'administration des Postes et télégraphes ; à défaut d'entente, c'est le Ministre des Postes et télégraphes qui statue sur les travaux à exécuter, après avis du Comité d'électricité. Quoiqu'il en soit, l'autorisation une fois accordée ne peut être retirée.

L'intérêt de l'entrepreneur de distribution est de se soumettre en général aux exigences de l'administration, car, par exemple, s'il se refuse à modifier son installation, dont les conditions techniques ont été approuvées par le Préfet, il peut arriver que le Ministre ordonne par arrêté le déplacement ou la modification des lignes télégraphiques et téléphoniques. Dans ce cas, d'après l'article 4 § 4e de la loi de 1906, les frais sont à la charge de l'exploitant.

Pour les lignes télégraphiques ou téléphoniques établies postérieurement, à proximité de l'installation, sans que l'administration ait pris les précautions nécessaires pour éviter des troubles dans les communications, l'exploitant de la distribution d'énergie est fondé à résister aux exigences de l'administration. Cette dernière étant fautive, devra modifier à ses frais les installations défectueuses. Dans le cas où un arrêté du Ministre lui donnerait tort, il pourrait se pourvoir en cassation.

D'après l'article 23 de la loi de 1906, toute contravention aux arrêtés autorisant l'installation d'une distribution d'énergie électrique sur terrains privés est, après une mise en demeure non suivie d'effet, punie de pénalités prévues à l'article 2 du décret-loi du 27 décembre 1851; ces pénalités consistent en une amende de 11 à 300 francs.

Les contraventions sont constatées par des procès-verbaux; elles sont poursuivies et jugées comme en matière de grande voirie.

CHAPITRE III

Distributions d'énergie électrique empruntant la voie publique
- Permissions de Voirie -

Trois régimes différents sont prévus par la loi de 1906: les permissions de voirie, les concessions simples, les concessions avec déclaration d'utilité publique.

Notre chapitre III sera consacré aux permissions de voirie, le chapitre IV aux concessions simples, le chapitre V aux concessions avec déclaration d'utilité publique; mais avant d'entrer dans l'étude détaillée de chacun de ces régimes, il convient de poser quelques principes généraux.

D'après la circulaire ministérielle du 3 août 1908, l'administration peut accorder ou refuser aussi bien une concession qu'une permission de voirie, mais le droit d'option, à qui appartient-il? Si l'on s'en rapporte au discours du rapporteur de la loi de 1906 à la Chambre, c'est à l'entrepreneur; au contraire, la circulaire ministérielle précitée du 3 août 1908 donne ce droit à l'administration seule. D'ailleurs, comme c'est l'administration qui décide en dernier ressort, on peut dire qu'elle est seule maîtresse du choix du régime, et le demandeur n'a aucun recours contentieux contre ses décisions.

Il faut en outre remarquer que la circulaire de 1908 avait déjà indiqué les préférences de l'administration pour le régime de la concession, et son désir de limiter, autant que possible, celui des permissions.

Une circulaire ministérielle du 1er octobre 1912, relative aux permissions de voirie, a précisé ce système qui a pour but d'éviter que des distributions par simples permissions, fassent échec aux distributions à établir par des contrats précis de concession.

L'Administration reconnaît cependant l'emploi du régime de la permission dans les cas suivants:

1° Lorsque les lignes sont installées par un particulier pour son propre compte ou pour desservir quelques personnes en nombre très restreint; dès lors qu'il n'y a pas vente au public, il est inutile de recourir à l'octroi d'une concession avec cahier des charges.

2° Lorsque pour des lignes desservant des services publics, le régime de la permission est plus favorable à leur établissement.

3° Lorsque, par suite de dispositions locales, le régime de la concession présenterait plus d'inconvénients que d'avantages; quitte à l'administration dans ce dernier cas, à insérer dans les permissions toutes clauses utiles pour que la distribution n'apporte aucune gêne à la création ultérieure d'autres distributions à établir dans l'intérêt public.

A signaler aussi que, si la ligne d'énergie n'emprunte les voies publiques que d'une seule commune, elle ne peut être placée que sous un seul régime; si au contraire elle emprunte plusieurs communes, des régimes différents sont possibles (article 3 § 2 de la loi de 1906).

Cela posé, nous allons examiner en détail, le régime des permissions de voirie.

Permissions de Voirie

Si l'on se place à un point de vue général, il convient de remarquer que la permission de voirie est nécessaire pour tout particulier, lorsqu'il veut occuper la voie publique pour un ouvrage quelconque. Cette formalité est également nécessaire lorsqu'il s'agit de distributions d'énergie électrique, et la permission comme toute permission de voirie, est essentiellement *précaire* et *révocable*.

L'administration a, à ce sujet, *un pouvoir discrétionnaire* absolu; elle est libre d'accorder ou de refuser une permission, et le demandeur n'a pas de recours; toutefois, pour éviter des abus d'autorité des municipalités, la loi du 5 avril 1884, art. 98, permet d'en appeler au préfet, d'une décision du Maire. Mais en aucun cas, il ne peut y avoir recours au Conseil d'Etat, qu'il s'agisse d'une décision du Maire ou du Préfet (¹).

Si le refus d'autorisation est basé sur un vice de forme ou d'incompétence, un recours est possible devant la juridiction contentieuse.

Enfin, un recours hiérarchique est toujours possible par voie de pétition, soit au Ministre des Travaux publics s'il s'agit d'une route nationale ou départementale, soit au Ministre de l'intérieur pour d'autres voies,

La permission de voirie ne confère *aucun droit réel*, et le permissionnaire ne jouit que d'une tolérance administrative, elle ne peut être opposée valablement aux tiers qui se prétendraient lésés, et ceux-ci peuvent demander aux tribunaux judiciaires la réparation du dommage subi.

La permission de voirie relative à une distribution d'énergie électrique, est donc, d'une façon générale *révocable* comme toute permission de voirie ordinaire.

Cependant, les lignes qui assurent une distribution publique, et dont l'installation a été subordonnée à des clauses précises, ne pourraient être exposées à une brusque éviction. D'après la circulaire ministérielle du 1er octobre 1912 déjà citée, ces lignes ne disparaissent que si l'Etat ou la commune viennent à exécuter en régie, ou à concéder une distribution d'énergie électrique avec déclaration d'utilité publique.

En outre, l'article 12 § 2 du décret du 3 avril 1908 prévoit formellement le droit de révocation pour l'administration dans les deux cas suivants:

(1) Conseil d'Etat, 26 Décembre 1891 ; 27 Mars 1903.

1° Si le permissionnaire ne se conforme pas, après mise en demeure, aux obligations qui lui sont imposées, soit par les lois et règlements, soit par sa permission elle-même.

2° Si la distribution cesse d'être affectée à la destination qui avait motivé l'autorisation.

Pour éviter tout abus de pouvoir en ce qui touche l'exercice de ce droit de révocation, un recours au Conseil d'Etat est d'ailleurs possible.

Il est bon d'ajouter que la loi de 1906 ne s'applique qu'aux distributions d'énergie électrique. Toutes les autorisations données à des particuliers pour établir sur les voies publiques des conducteurs électriques pour leur usage personnel, sont considérées comme permissions de voirie ordinaires.

Formalités. — Il faut distinguer suivant que la distribution doit s'étendre sur un seul ou sur plusieurs départements.

Des formalités sont d'ailleurs communes dans les deux cas. La demande doit être faite sur papier timbré (loi du 13 brumaire an VII art. 12) avec indications du domice élu par le pétitionnaire.

A la demande, doit être joint un avant-projet contenant :

1° Un extrait de carte à l'échelle 1/80000.

2° Un plan général d'ensemble de la distribution, avec la désignation des voies publiques à emprunter.

3° Un mémoire indiquant la destination et l'importance de la distribution, le détail des ouvrages projetés avec leur emplacement et leur nature, enfin, tous renseignements utiles pour permettre à l'administration de se décider en connaissance de cause.

4° Des dessins donnant les types des installations à établir sur le domaine public.

En outre de ces formalités générales, il y a lieu de distinguer comme nous l'avons dit, entre les distributions suivant qu'elles s'étendent sur un ou sur plusieurs départements.

a). Distributions s'étendant sur un seul département. — La demande est adressée au Préfet du département. Le Préfet en donne un reçu au pétitionnaire, et la transmet à l'ingénieur en Chef du Contrôle.

S'il s'agit de distributions devant emprunter en tout ou en partie des voies dépendant de la grande voirie, des chemins de grande communication et d'intérêts communs, l'ingénieur en Chef du Contrôle est tenu de prendre l'avis des ingénieurs et agents-voyers préposés à l'administration des voies à occuper. Il saisit, en outre les Maires des communes intéressées, qui précèdent à l'examen du dossier dans un délai de 15 jours ou d'un mois au maximum. (¹)

Les Maires renvoient le dossier à l'ingénieur en chef du Contrôle, dans les délais prescrits, avec leurs observations. Si la demande prévoit une distribution d'éclairage, le Maire saisit le Conseil municipal, qui délibère, et c'est une copie certifiée conforme de la délibération qui est envoyée à l'ingénieur.

A noter que si la permission de voirie s'applique à une voie qui est de la compétence du Maire, (chemins vicinaux ordinaires, chemins ruraux, voies urbaines). C'est le Maire qui en-

(1). Un mois lorsqu'il s'agit d'une distribution d'éclairage pour la commune.

voie à l'ingénieur l'arrêté portant délivrance de la permission ; s'il la refuse, il donne son avis motivé.

Une fois que le dossier est complet entre les mains de l'ingénieur, celui-ci, après avoir reçu dans un délai de 15 jours les observations des concessionnaires antérieurs, s'il y en a, en transmet un exemplaire au Préfet, avec son rapport.

Le dossier doit donc contenir les avis des ingénieurs et agents-voyers, les observations des Maires et, s'il y a lieu, les avis des conseils municipaux, les arrêts de permission pris par les Maires dans les conditions indiquées ci-dessus et, enfin, les observations des concessionnaires antérieurs.

Le Préfet délivre les permissions qui sont de sa compétence et en outre, remet celles des Maires pour les chemins ruraux ordinaires, ruraux et voies urbaines.

Quid si les Maires de certaines communes ont refusé les permissions ? Le Préfet peut passer outre, en avisant toutefois les Maires intéressés.

Enfin, dans le cas ou le dossier contient un désaccord entre les divers services, le Préfet doit saisir le Ministre des Travaux publics qui prend l'avis du Ministre de l'Intérieur, et donne des instructions définitives au Préfet.

Il y a encore un cas où le Ministre doit être saisi, c'est lorsque la distribution doit emprunter des voies appartenant à la grande voirie et non affectées à la circulation. Le Ministre après examen, statue, et envoie des instructions au Préfet (¹) ; s'il n'y a que des traversées de voies, la transmission au Ministre n'est pas nécessaire.

Tout ce qui précède ne s'applique qu'aux voies dépendant de la grande voirie, aux chemins de grande communication, ou chemins d'intérêt communs.

Si la distribution doit emprunter seulement des chemins vicinaux ordinaires, des chemins ruraux ou des voies urbaines, la procédure est plus simple. Le Préfet reçoit la demande, il l'adresse à l'ingénieur en chef du Contrôle, qui le transmet au maire avec son avis. Le Maire après examen, délivre l'autorisation ; s'il la refuse un recours au Préfet est possible.

D'après l'article 10 du décret de 1908, le Maire est tenu de recueillir les observations des concessionnaires antérieurs dans un délai de 10 jours au maximum.

b). Distribution s'étendant sur plusieurs départements. — La demande doit être adressée au Ministre des Travaux publics qui fait faire l'instruction par un service déterminé ; il en donne avis aux préfets des départements et aux demandeurs.

L'instruction ordonnée par le Ministre une fois terminée, le dossier est transmis à chaque Préfet qui la renvoie ensuite avec son avis. Le Ministre leur fait alors parvenir les instructions nécessaires pour les modalités de permissions ; en cas de désaccord entre les services, le Ministre des Travaux publics prend l'avis du Ministre de l'Intérieur (art. 9. décret du 3 avril 1908). Le Ministre des Travaux publics est le juge suprême.

c). Caractères généraux des permissions de Voirie. — Les caractères généraux des permissions de voirie sont les suivants :

Elles ont un *effet limitatif*, c'est-à-dire que l'entrepreneur ne peut, en aucun cas, étendre sa

(1) Décret du 8 avril 1908, art. 8.

permission et tout nouveau branchement dont il pourrait avoir besoin, doit faire l'objet d'une nouvelle demande de permission.

Les permissions sont des actes purement administratifs et par suite l'administration peut imposer aux permissionnaires les conditions qu'elle juge utiles à l'intérêt public. Les clauses imposées sont énumérées dans la circulaire ministérielle du 1er octobre 1912 (établissement de postes centraux, postes d'alimentation ou autres ; installations analogues ; acceptation par les permissionnaires de prendre à leur charge les frais de déplacement ou de modification des lignes nécessités par l'application de l'art. 55 du décret du 3 avril 1908 ; renonciation éventuelle sur la demande de l'autorité concédante et après un préavis de deux ans, au bénéfice de la permission, si la demande est faite dans l'intérêt public.)

Elles ne peuvent prescrire aucune disposition commerciale (article 5, § 2 de la loi de 1906) ni charge pécuniaire autres que les redevances que nous aurons à examiner plus loin.

Elles sont révisées dans les formes prescrites par les arrêtés qui les réglementent.

Elles sont essentiellement *révocables*, ainsi que nous l'avons indiqué au commencement de ce chapitre. Une série d'arrêts du Conseil d'Etat sont en ce sens, notamment lorsque les permissions accordées à des entrepreneurs de distribution d'énergie électrique le sont en violation d'un privilège exclusif antérieurement accordé à un concessionnaire et que leur maintien peut engager la responsabilité pécuniaire des communes (1).

La question de savoir si l'entrepreneur a le droit de demander une indemnité après révocation est douteuse.

La Cour de Cassation est en sens contraire ; elle admet la révocation non dans l'intérêt pécuniaire de la commune, mais seulement lorsqu'elle a pour but l'intérêt de la voirie et de la circulation (2).

Les permissions de voirie doivent être établies sur timbre et enregistrées dans les 20 jours de leur date, au droit de 20 o/o avec un minimum de o fr. 25 (loi du 27 ventôse an IX, article 35).

d) Questions diverses. — *1) Instruction et approbation des projets définitifs.* — Une fois la permission de voirie obtenue, l'entrepreneur, s'il s'est contenté de joindre à sa demande des projets sommaires, doit soumettre aux services intéressés les projets définitifs et ces services doivent les approuver.

L'article 31 du décret du 3 avril 1908 dit, en effet, qu'aucune installation ne peut être exécutée sur la voie publique sans cette approbation.

Le projet définitif est adressé en cinq exemplaires au moins par chaque département traversé à l'ingénieur en chef du contrôle. Celui-ci les transmet aux divers services intéressés et le projet est examiné dans une conférence par les représentants des dits services (représentants de l'administration des postes et télégraphes, des services du contrôle des municipalités, des administrations de la navigation des canaux, des ports, des voies ferrées, des forêts, du génie mili-

<hr>

(1) Arrêt du Conseil d'Etat, 6 juin 1902.
(2) Cass. Crim., 25 octobre 1900. D. P. 1901. 1. 206.
Cass., 27 juillet 1893. D. P. 94. 1. 297.

taire, etc.). C'est l'ingénieur en chef qui détermine d'ailleurs quels doivent être pour chaque cas les services intéressés.

Après entente entre les divers services sur les conditions à imposer, l'ingénieur en chef du contrôle les fait parvenir à l'entrepreneur qui peut présenter ses observations.

Si l'entrepreneur accepte les conditions de l'administration, les travaux sont autorisés par l'ingénieur; s'il les refuse, le dossier est soumis au Ministre des Travaux publics qui consulte le comité d'électricité et statue ensuite. Il fait parvenir ses instructions à l'ingénieur en chef du contrôle.

Pour les lignes secondaires et embranchements, les formalités qui précèdent ne sont pas nécessaires. L'entrepreneur peut exécuter les travaux à charge de prévenir l'administration (services du contrôle, services de voirie et autres) 8 jours à l'avance. Dans le cas où l'administration, dans les délais, ferait opposition aux travaux de branchements projetés, il y aurait lieu de recourir aux formalités ordinaires.

L'entrepreneur de distribution, lorsqu'il a son autorisation pour commencer les travaux, doit encore en donner avis :

1° Au service du contrôle 4 jours à l'avance.

2° Aux services de voirie intéressés.

3° Au service des P. T. T. s'il y a lieu.

4° Aux propriétaires de toutes canalisations touchées par les travaux.

En cas de réparations urgentes, il peut se contenter d'un délai de 24 heures.

Les travaux terminés, leur réception se fait en présence des services intéressés, convoqués à une date indiquée par l'ingénieur en chef du contrôle.

Si les essais sont satisfaisants, le Préfet ou l'ingénieur du contrôle remet à l'entrepreneur une autorisation de circulation du courant.

Enfin, lorsque le service fonctionne, l'entrepreneur doit, dans le délai de 6 mois, remettre le plan de la distribution au service du contrôle avec dessins complets à l'appui. Un exemplaire est également remis à l'ingénieur des Télégraphes. Tous les ans il doit y avoir révision des plans et dessins.

Traversée des lignes de chemins de fer

La traversée des voies ferrées par les canalisations électriques comporte des conditions techniques que nous examinerons plus loin et des prescriptions administratives.

C'est l'article 54 du décret du 3 avril 1908 qui réglemente la matière au point de vue administratif. Cet article stipule que les mesures utiles doivent être prises pour que le bon fonctionnement des deux entreprises reste possible. Les travaux de modifications qui seraient nécessaires, le cas échéant, sur la voie ferrée restent à la charge du permissionnaire ou du concessionnaire de la distribution.

Si les services sont d'accord, un simple arrêté préfectoral suffit pour les mesures à prendre ;

s'il y a désaccord, c'est le Ministre des Travaux publics qui décide après avoir consulté le comité d'électricité.

Ce qui précède vise les traversées de voies seulement, mais si les canalisations *empruntent* sur un certain parcours la voie ferrée, il faut se reporter à l'article 8 du décret du 3 avril 1908 :

« Dans tous les cas où la distribution projetée doit emprunter autrement que par simple tra-
« versée des voies dépendant de la grande voirie et non affectées à la circulation publique, le
« Préfet, avant de statuer, transmet le dossier au Ministre des Travaux publics qui, après exa-
« men, lui renvoie ce dernier avec ses instructions. »

Quoiqu'il en soit, pour obtenir l'autorisation de traverser des voies ferrées, l'entrepreneur de distribution doit adresser une pétition spéciale au Préfet, à laquelle il joint un état de renseignements conforme au modèle prévu par la circulaire ministérielle du 5 septembre 1908.

Deux cas sont à distinguer :

Ou bien la distribution d'énergie a déjà été autorisée par permission de voirie ou concession et le service du contrôle des chemins de fer a été saisi de la question de la traversée. Le service précité se contente alors de présenter sous forme de projet d'arrêté ses propositions sur les conditions d'établissement de la traversée.

Ou bien la demande d'autorisation pour la distribution d'énergie et la pétition pour la traversée sont simultanées. Le service du contrôle des chemins de fer procède alors à son enquête, fait ensuite ses propositions et peut même proposer pour la traversée un emplacement autre que celui primitivement choisi ; en cas de désaccord, c'est le Ministre qui statue.

L'emplacement une fois définitivement arrêté, le service du contrôle des chemins de fer présente le projet d'arrêté préfectoral relatif à la traversée. Ce projet est soumis au service du contrôle des distributions d'énergie électrique du département et, s'il y a lieu, au Service des Télégraphes. En cas de désaccord, le Préfet doit en référer au Ministre des Travaux publics.

Le modèle d'arrêté préfectoral est prévu par la circulaire ministérielle du 5 septembre 1908 qui a trait notamment à la fixation de l'indemnité dûe à l'administration du chemin de fer à raison des sujétions qui résultent pour elle de l'existence de la traversée. L'indemnité fixée est généralement de 10 francs par traversée, à moins de circonstances exceptionnelles.

Les prescriptions et formalités qui précèdent visent tous les cas où la traversée s'effectue en pleine voie ou qu'il s'agisse de traversée de ponts, viaducs, etc. Mais s'il s'agit d'un emprunt au-dessous de la voie par câble souterrain, sans par conséquent qu'il y ait contact avec les ouvrages de la ligne de chemins de fer, la traversée peut être établie sans intervention administrative et sans arrêté préfectoral (Circulaire Ministérielle du 21 mars 1910).

CHAPITRE IV

Concessions simples

Les entrepreneurs de distributions d'énergie électrique ont le choix entre le régime des permissions de voirie et celui de la concession d'une durée déterminée avec cahier des charges et tarif maximum.

Les concessions doivent être considérées comme concessions de travaux publics. Il s'agit, en effet, dans le cas d'une concession de distribution publique d'énergie, de travaux à exécuter sur les voies publiques, en vue d'un service public ; il y a donc bien *travail public*.

Définition de la concession. — La concession est un contrat entre l'autorité concédante et le concessionnaire, contrat par lequel un entrepreneur s'engage envers la personne administrative compétente, à établir sur les voies publiques un réseau de distribution publique d'énergie électrique, moyennant la concession pour une période donnée de la possession de ce réseau et le droit de faire payer le public pendant toute cette période conformément aux tarifs fixés par le cahier des charges.

a) *Caractères et effets de la concession*. — La compétence pour la concession dépend du service concédé tandis que la compétence pour la délivrance de la permission de voirie dépend de la classification de la voie publique intéressée.

La concession n'est pas *précaire* et *révocable* comme la permission de voirie ; sa durée est fixée par le cahier des charges.

Enfin son caractère distinctif essentiel, c'est qu'elle nécessite un traité de concession ou cahier des charges, déterminant les conditions d'exploitation et les tarifs.

En ce qui concerne les pouvoirs compétents, jusqu'à la loi de 1906, il y avait incertitude. La loi les a nettement déterminées : les communes ou les syndicats de communes, si la demande de concession ne vise que le terrain de la commune ou des communes syndiquées ; l'Etat dans les autres cas, avec obligation d'adopter le cahier des charges type, approuvé par décret délibéré en Conseil d'Etat (article 6 — 2ᵉ de la loi de 1906).

D'après l'article 7 de la loi, les personnes administratives compétentes pour passer des actes de concession sont :

Le Ministre des Travaux publics, si la concession est de la compétence de l'Etat et s'étend sur plusieurs départements ;

Le Préfet, si la concession, tout en étant de la compétence de l'Etat, ne s'étend que sur un seul département ;

Le Maire, si la concession est de la compétence d'une commune ou d'un syndicat de communes.

La concession s'applique d'ailleurs à toutes les distributions d'énergie électrique et il n'y a aucune distinction entre l'éclairage, la force motrice ou les autres usages industriels. Cependant l'éclairage se rattache à la question du privilège qui est très intéressante.

Privilège pour l'éclairage. — Cette question est tranchée par l'article 8 de la loi de 1906. D'après cet article, la concession d'un privilège exclusif n'est permise que pour l'éclairage et pour une commune et un syndicat de communes seulement.

Ainsi aucune concession ne peut faire, en principe, obstacle à ce qu'il soit accordé une concession à une entreprise concurrente. Cependant si une commune ou un syndicat de communes donne la concession de l'éclairage public ou privé à un concessionnaire, elle peut stipuler qu'il sera seul à y pourvoir ; en un mot, dans ce cas, l'énergie destinée à l'éclairage peut faire l'objet d'un monopole.

Ce monopole a donné lieu à une discussion approfondie lors de la préparation de la loi de 1906. Le texte annexé au rapport Berthelot de 1899 portait qu'aucune concession ne pouvait faire obstacle à ce qu'il soit accordé d'autres concessions ; il prévoyait seulement un monopole de 15 ans au maximum à partir de l'expiration du délai fixé par le commencement de la mise en exploitation. On ne voulait pas que les communes puissent se lier pour une trop longue durée avec une société concessionnaire.

Mais, à l'examen, la commission des usines hydrauliques reconnut que l'interdiction ou la limitation empêcheraient peut-être les petites communes de trouver un concessionnaire pour la fourniture de l'énergie destinée à l'éclairage public et privé, ou que, si elles en trouvaient, ce serait à des conditions particulièrement désavantageuses. Aussi, elle décida de faire une distinction entre l'énergie destinée à la force motrice et celle destinée à l'éclairage. La première ne pourrait faire l'objet d'aucun monopole, la deuxième pourrait, au contraire, constituer un monopole pendant toute la durée de la concession. Elle fit aussi disparaitre tout délai. La Chambre et le Sénat se rangèrent à la manière de voir de la Commission et le texte de l'article 8-2ᵉ fut adopté sans modifications.

A noter encore, d'après le même article, que le privilège ne peut s'étendre à l'emploi de l'énergie à tous les usages autres que l'éclairage ni à son emploi accessoire pour l'éclairage des locaux dans lesquels l'énergie est ainsi utilisée (¹).

Ceci dit pour le privilège d'éclairage, résumons encore les articles 9 et 10 de la loi pour ce qui concerne les effets de la concession.

D'après l'article 9, l'acte de concession ne peut imposer au concessionnaire d'autres charges pécuniaires que les redevances prévues par l'article 18 de la loi ni attribuer à l'Etat ou à la commune d'autres avantages particuliers que des réductions de tarifs.

L'article 10 vise les droits du concessionnaire pour l'exécution des travaux. Il peut exécuter tous travaux nécessaires à l'établissement et à l'entretien des ouvrages, conformément au cahier des charges, aux règlements de voirie et aux règlements d'administration publique. Ce même article permet à l'autorité concédante d'exiger la suppression ou la modification des ouvrages contre paiement d'une indemnité. Cependant le concessionnaire n'aura droit à aucune indemnité lorsque les modifications sont exigées pour un motif de sécurité publique ou dans l'intérêt de la voirie (§ 2 du cahier des charges).

Comment la concession peut-elle prendre fin. — Qu'elle soit donnée par l'Etat ou la commune, la concession peut prendre fin :

1º Par la survenance du terme fixé pour l'expiration de la concession.

2º Par le rachat de la concession.

3º Par la déchéance du concessionnaire pour l'inexécution de ses obligations.

4º Par la résiliation prononcée contre l'autorité concédante pour inexécution de ses obligations vis-à-vis du concessionnaire.

(1) Il faut entendre par là qu'un industriel ne saurait, sans porter atteinte au privilège du concessionnaire d'éclairage, fournir de l'énergie pour éclairer des bâtiments, ateliers, magasins ou appartements où ne se trouvent pas des moteurs utilisés pour la force, l'électro-chimie, l'électro-métallurgie, etc., en un mot la liberté d'éclairage paraît devoir être limitée *aux locaux dans lesquels l'énergie est utilisée pour la force motrice.*

Le quatrième cas ne peut se présenter que très rarement, car, en cas d'inexécution du contrat par l'autorité concédante, le concessionnaire préfère, d'une façon générale, demander à la juridiction administrative, au lieu d'une résiliation, une condamnation de ladite autorité à des dommages-intérêts.

b) Formalités. — Qu'il s'agisse de concession à accorder par l'Etat ou par la commune, la demande doit être faite sur papier timbré (loi du 13 brumaire an VII, art. 12). Elle est adressée :

Au Ministre des Travaux publics si la concession doit emprunter plusieurs départements ;

Au Préfet pour un seul département ;

Au Maire pour une commune ou un syndicat de communes.

A la demande doivent être jointes :

1º Un extrait de carte à l'échelle de 1/80000 ;

2º Un mémoire descriptif indiquant la destination et l'importance de l'entreprise, les conditions générales et les dispositions principales de la distribution ;

3º Un projet de tarif maximum pour la vente de l'énergie électrique.

Il faut autant de dossiers qu'il y a de communes desservies ou traversées.

Ces règles sont communes à toutes les demandes ; en ce qui concerne l'enquête à faire, il faut distinguer les concessions accordées par l'Etat et les concessions qui sont du ressort d'une commune ou d'un syndicat de communes.

1) Enquête pour les concessions accordées par l'Etat. — Précisons d'abord bien dans quel cas l'entrepreneur de distribution doit s'adresser à l'Etat. C'est toutes les fois que la demande vise des territoires autres que ceux d'une seule commune ou de plusieurs communes syndiquées, c'est-à-dire :

1º Lorsque, dans le même département, la demande de concession vise des territoires de plusieurs communes non syndiquées.

2º Si la demande de concession vise les territoires d'un certain nombre de communes situées dans plusieurs départements.

Ceci posé, passons aux détails de l'enquête.

Le Ministre ou le Préfet statue sur *la mise à l'enquête*, après instruction du service du contrôle (décret du 3 avril 1808, article 14, § 1º).

Le Préfet de chacun des départements intéressés prend *un arrêté d'enquête* qui fixe la date de son ouverture, indique les localités où elle est ouverte, nomme le président de la commission d'enquête et ses membres, désigne le lieu des réunions. L'arrêté est affiché dans toutes les communes (¹).

La commission d'enquête comprend 3 membres au moins et 7 au plus choisis parmi les principaux propriétaires d'immeubles, négociants et industriels de la région (art. 17 du décret du 3 avril 1908).

Le Préfet invite en même temps les conseils municipaux des communes intéressées à délibérer sur l'utilité de l'entreprise projetée. Ainsi les opérations d'enquête et les délibérations des conseils municipaux ont lieu simultanément.

Dans les mairies de chaque commune, un registre est déposé pendant 15 jours pour permet-

(1) Article 16, § 1 du décret du 3 avril 1908.

tre aux particuliers de présenter leurs observations. A l'expiration de ce délai, le Préfet convoque la commission qui examine les observations consignées, entend au besoin les intéressés et dans les 8 jours établit un procès-verbal d'enquête avec son avis motivé.

Le procès-verbal est adressé au Préfet avec les registres et celui-ci transmet le tout à l'ingénieur en chef du contrôle. Celui-ci reçoit des maires, dans le délai d'un mois, les délibérations des conseils municipaux consultés.

L'ingénieur en chef du Contrôle instruit alors la demande. Il entend les concessionnaires antérieurs, provoque, s'il y a lieu, une conférence entre les services intéressés (toujours l'administration des Télégraphes). Il invite le demandeur à présenter ses observations et propositions. Il rédige enfin son rapport qu'il transmet, avec le dossier, au Préfet de chaque département.

Le rapport de l'ingénieur doit contenir l'adhésion du demandeur ou ses observations, en cas de refus, les adhésions des services intéressés ou leurs observations en cas de désaccord.

L'enquête et les instructions sont alors closes.

Il faut maintenant distinguer suivant qu'il s'agit d'un seul département ou de plusieurs.

Pour un seul département s'il y a accord entre les divers services et les communes, le Préfet signe l'acte de concession ; s'il y a désaccord, le Préfet transmet le dossier au Ministre des Travaux publics avec son avis. Le Ministre statue après avis du Comité d'électricité ; il renvoie alors le dossier au Préfet avec ses instructions. Le Préfet signe l'acte de concession ou rend compte au demandeur de la décision du Ministre.

Pour plusieurs départements, chaque Préfet transmet le dossier au Ministre avec son avis. Celui-ci prend l'avis du Ministre de l'Intérieur, statue sur les conditions auxquelles la concession peut être accordée, les notifie au demandeur et passe l'acte de concession au nom de l'Etat.

2) *Concessions à accorder par les communes ou syndicats de communes.* — Les formalités d'enquête sont beaucoup plus simples que pour les concessions à accorder par l'Etat.

La commission d'enquête est remplacée par un seul commissaire enquêteur désigné par le Préfet. Le délai d'enquête est de 8 jours et dans les 3 jours, le commissaire enquêteur doit entendre les témoins et recueillir tous ses renseignements.

L'enquête terminée, le commissaire transmet son procès-verbal et le dossier au Préfet qui les adresse à son tour à l'ingénieur en chef du contrôle. Celui-ci examine l'affaire, recueille tous nouveaux renseignements utiles et soumet le dossier avec ses observations ou propositions au maire ou au président du syndicat de communes.

S'il y a accord entre le demandeur, l'administration et les divers services intéressés, le maire, ou le président du syndicat passe l'acte de concession et l'adresse à l'ingénieur en chef du contrôle qui, après vérification, le transmet à l'approbation du Préfet.

S'il y a désaccord, le maire, ou le président du syndicat, transmet le dossier au Préfet, qui l'adresse au Ministre des travaux publics. Après consultation du comité d'électricité et avis du Ministre de l'Intérieur, le Ministre statue et envoie ses instructions au Préfet.

Le Préfet transmet la décision du ministre au maire qui passe l'acte de concession et l'adresse à l'ingénieur en chef du contrôle pour vérification. L'ingénieur le fait parvenir au Préfet pour approbation.

c) Cahier des charges. — La concession accordée par l'Etat est soumise aux clauses du cahier des charges, conforme au type approuvé par décret du 20 août, 1908.

L'article 6 de la loi de 1906 permet de modifier les clauses du cahier des charges; mais dans ce cas le ministre des travaux publics transmet le dossier au Conseil d'Etat qui approuve la concession par un décret. Le dossier doit être accompagné des avis du Ministre de l'Intérieur, du Ministre de l'agriculture et de l'administration des postes et télégraphes (1).

La concession accordée par une commune ou un syndicat de communes est soumise également au cahier des charges conforme au type approuvé par décret du 17 mai 1908. Des modifications sont possibles, mais ici aussi, l'acte de concession doit être approuvé par décret rendu en Conseil d'Etat.

En ce qui concerne l'instruction et l'approbation des projets définitifs de la distribution, la traversée des lignes de chemins de fer, les prescriptions et formalités sont les mêmes pour les concessions que pour les permissions de voirie. Nous n'y reviendrons donc pas.

CHAPITRE V

Régime des concessions avec déclaration d'utilité publique

Nous avons vu dans notre historique qu'avant la loi de 1906, les entrepreneurs de distribution d'énergie électrique ne pouvaient obtenir que des autorisations préfectorales — autorisations de grande voirie toujours révocables — ou bien s'ils voulaient donner à leurs entreprises, le caractère de travaux publics avec déclaration d'utilité publique, ils devaient obtenir une loi spéciale. On peut donc dire, qu'en principe, ces entrepreneurs ne bénéficiaient pas des droits que confère la déclaration d'utilité publique.

La loi de 1906, en réglementant et instituant la déclaration d'utilité publique, au même titre que les permissions de voirie et les concessions simples, a fait faire un grand pas à l'industrie électrique. Elle permet aux entrepreneurs de vaincre les résistances qu'ils peuvent rencontrer de la part des particuliers pour l'installation d'une ligne d'intérêt général.

Comme pour les concessions simples, nous avons à étudier les formalités diverses, l'instruction, l'enquête. Nous dirons ensuite quelques mots sur les effets de la concession (droits et obligations du concessionnaire).

a) Formalités et enquête. — Les formalités dans leur ensemble sont les mêmes que pour les concessions simples. Toutefois, pour que la concession devienne définitive, il ne suffit pas que l'acte de concession soit passé ; il faut encore qu'elle soit approuvée par un décret qui en prononce l'utilité publique. Ainsi la demande est présentée sur timbre avec carte, mémoire descriptif, toutes pièces et renseignements utiles à l'appui. Elle est soumise à l'enquête et instruite dans les conditions indiquées au chapitre précédent, l'acte de concession est passé de même.

Toutes ces formalités terminées, le dossier est transmis, *dans tous les cas*, au Ministre des travaux publics ; il doit, bien entendu, si la concession est de sa compétence, passer l'acte de concession qu'il revêt de sa signature.

(1) Art. 25, décret du 3 avril 1908.

Le Ministre des travaux publics prend l'avis de son collègue de l'agriculture, de l'administration des postes et télégraphes, puis, de concert avec le Ministre de l'intérieur, il transmet le dossier au Conseil d'Etat, qui prononce par décret la déclaration d'utilité publique et approuve la concession.

b) Effets de la concession (droits et obligations du concessionnaire). — Le concessionnaire a d'abord les mêmes droits pour l'exécution des travaux que l'entrepreneur qui a obtenu une concession simple. Il a, en plus, les droits que les lois et règlements confèrent à l'administration en matière de travaux publics, mais, par suite, il demeure soumis à toutes les obligations qui dérivent des mêmes lois et règlements.

Le droit le plus important est celui *d'expropriation;* il est conféré au concessionnaire en termes formels par l'article 12 de la loi de 1906.

Article 12, 2ᵉ alinéa. « S'il y a lieu à expropriation, il y est procédé conformément à la loi « du 3 mai 1841, au nom de l'autorité concédante et aux frais du concessionnaire. »

Ce même article 12 confère au concessionnaire le droit :

1° D'établir à demeure des supports et ancrages pour conducteurs aériens d'électricité.

2° De faire passer les conducteurs d'électricité au-dessus des propriétés sous certaines conditions.

3° D'établir à demeure des canalisations souterraines ou des supports pour conducteurs aériens sur des terrains privés non bâtis qui ne sont pas fermés de murs ou autres clôtures équivalentes.

4° De couper les branches d'arbres qui, se trouvant à proximité des conducteurs aériens d'électricité, pourraient par leur mouvement ou leur chute, occasionner des courts-circuits ou des avaries aux ouvrages.

Ces droits *d'appui, de passage* et *d'ébranchage* sont évidemment soumis à certaines conditions, prévues audit article 12, dans un but de protection pour les habitants.

C'est ainsi que les entrepreneurs devront toujours pouvoir accéder aux ouvrages servant à supporter les conducteurs aériens d'électricité par l'extérieur et non par l'intérieur des immeubles sur lesquels ils sont placés.

De même, la vue des particuliers habitant les immeubles sur lesquels sont placés les supports ne devra pas être gênée ; les conducteurs devront, en effet, être placés au-dessus des fenêtres les plus élevées.

Et encore la sécurité des particuliers ne devra pas être compromise ; les conducteurs devront, en effet, être placés hors de portée. D'autre part, les conducteurs d'électricité, appuyés à des bâtiments, ne pourront pas être chargés de courant à trop haute pression ; l'administration ne devrait pas permettre telles installations qui, malgré toutes les précautions qu'on pourrait prendre, présenteraient des dangers graves pour les personnes et les bâtiments.

D'ailleurs, le concessionnaire ne pourra exercer les droits d'appui, de passage et d'ébranchage qu'après une enquête qui sera faite dans chacune des communes où ces droits auraient à s'exercer.

L'enquête a lieu d'après un plan parcellaire qui reste déposé pendant 8 jours à la mairie de la commune où les propriétés visées sont situées. Notification des servitudes projetées est faite directement par la Mairie aux intéressés c'est-à-dire les propriétaires actuels, usufruitiers et même les simples locataires.

Un avertissement est aussi donné par voie d'affichage à la Mairie.

Les réclamations et déclarations sont consignées par le Maire sur un registre.

Le délai de 8 jours expiré, le Préfet nomme un commissaire enquêteur qui, après s'être entouré de tous nouveaux renseignements qu'il peut juger utiles, signe le procès-verbal d'enquête, y joint son avis motivé et remet le dossier complet au Maire qui doit le faire parvenir à l'ingénieur en chef du contrôle.

A remarquer que si l'exécution des travaux projetés comporte des expropriations, il est procédé à l'enquête indiquée en même temps qu'à celle prévue par la loi de 1841.

L'ingénieur en chef communique au concessionnaire le dossier de l'enquête.

S'il y a lieu à des modifications qui frappent de servitude des propriétés nouvelles ou aggravent celles prévues, notification en est faite aux intéressés par le Maire et ils ont un délai de 8 jours pour présenter leurs observations.

Le projet modifié ou non est adressé par l'ingénieur au Préfet pour approbation. Le Préfet notifie son approbation au concessionnaire.

Les indemnités à payer aux propriétaires sont réglées par le juge de paix ; en cas d'expertise, le juge de paix peut ne nommer qu'un seul expert (¹).

Disons aussi qu'avant de commencer les travaux, le concessionnaire est tenu d'aviser individuellement les intéressés. Un simple affichage, une insertion dans les journaux ne sauraient suppléer l'avis individuel.

Les droits d'appui, de passage et d'ébranchement ne font pas obstacle aux droits des propriétaires qui peuvent démolir, réparer, surélever les bâtiments sur lesquels s'appuient les supports de conducteurs. Toutefois, le propriétaire qui veut faire des réparations doit avertir le concessionnaire par lettre recommandée, un mois à l'avance, pour lui permettre de prendre les mesures nécessaires au fonctionnement du service public dont il a la charge (article 12, § 5).

Une extension des droits dont nous venons de parler a été faite par *l'article 21* de la loi de 1906. Cet article confère d'*office* les droits d'appui, de passage et d'ébranchage « à l'Etat, au département, à une commune ou syndicat de communes ou à leurs concessionnaires » pour l'établissement ou le fonctionnement des conducteurs d'énergie électrique, employés à l'exploitation d'ouvrages déclarés d'utilité publique.

Cette disposition a été prise en vue de surmonter les résistances des propriétaires qui se sont produites souvent, par exemple, lors de l'établissement de lignes de tramways dans des rues trop étroites. L'Administration devait s'adresser aux propriétaires riverains pour avoir l'autorisation de faire sceller dans les façades des immeubles les attaches des câbles transversaux devant soutenir les supports aériens ; elle se heurtait à un refus formel et ne pouvait, par suite, établir la traction par trolley, cependant très économique.

(1) Article 12, § 6 de la loi de 1906

L'article 21 a mis fin à ces difficultés, mais l'exercice des droits précités doit être évidemment précédé de l'enquête dont nous avons donné le détail.

Le paragraphe 2 de l'article 21 fixe aussi un deuxième point de jurisprudence. Le bénéfice des droits d'appui, de passage et d'ébranchage reste acquis à l'administration ou à son concessionnaire, même dans le cas où l'énergie serait fournie aux conducteurs par une usine privée ou par une entreprise de distribution publique d'énergie non déclarée d'utilité publique. Antérieurement à la loi de 1906, la jurisprudence était en sens contraire, le Conseil d'Etat avait décidé que pour pouvoir bénéficier desdits droits, le concessionnaire devait être propriétaire de l'usine productrice d'électricité.

Le § 2 de l'article 21 est ainsi conçu : « Le bénéfice de ces droits restera acquis à l'adminis-« tration ou au concessionnaire, même dans le cas où l'énergie serait fournie aux conducteurs « par une usine privée ou une entreprise de distribution publique non déclarée d'utilité publi-« que et aussi dans le cas où les ouvrages serviraient simultanément à un transport d'énergie « destiné à des usages autres que le service public ou le service de l'association syndicale. »

c) *Cahier des charges.* — La concession accordée avec déclaration d'utilité publique est soumise aux conditions du cahier des charges type, prévu par décret du 30 novembre 1909.

En cas de dérogations ou de modifications, l'approbation de la concession ne peut être prononcée que par un décret délibéré en Conseil d'Etat.

On trouvera aux annexes le texte des cahiers des charges types.

1° Modèle de cahier des charges relatif à la concession d'une distribution d'énergie délivrée par une commune ou un syndicat de communes (décret du 17 mai 1908).

2° Modèle pour la concession délivrée par l'Etat (décret du 20 août 1908).

3° Modèle pour la concession délivrée par l'Etat avec déclaration d'utilité publique (décret du 30 novembre 1909).

CHAPITRE VI

Conditions communes à l'établissement et à l'exploitation des distributions sous les divers régimes (Permissions de voirie ou concessions)

Exception faite pour ceux établis exclusivement sur des terrains privés à plus de 10 m. de distance horizontale d'une ligne télégraphique ou téléphonique, les ouvrages de distributions d'énergie électrique doivent satisfaire aux conditions générales et d'intérêt public, ainsi qu'aux conditions techniques, aux mesures de police et de sécurité prescrites par les règlements et les arrêtés pris en exécution de la loi du 15 juin 1906.

Ceci posé, nous pouvons diviser l'étude des conditions communes à l'établissement et à l'exploitation des permissions ou concessions en 4 paragraphes.

1°) Conditions générales et d'intérêt public.

2°) Conditions techniques.

3°) Mesures relatives à la police et à la sécurité de l'exploitation.

4° Relations avec la voirie ou les services publics.

a) Conditions générales et d'intérêt public. — En exécution de l'article 18 de la loi du 15 juin 1906, le décret du 3 avril 1908 a déterminé les conditions générales d'établissement et d'exploitation.

En premier lieu, d'après l'article 38 du décret, les ouvrages établis sur le domaine public doivent être exécutés en *matériaux de bonne qualité* et selon les règles de l'art.

En deuxième lieu, parmi les mesures de sécurité qui peuvent être imposées aux entrepreneurs de distribution, figure *l'établissement des lignes télégraphiques ou téléphoniques* ou des lignes de signaux reconnues nécessaires par le service du contrôle. Cet établissement peut, en effet, être nécessaire, lorsqu'une distribution dessert plusieurs agglomérations distantes les unes des autres et il est alors souvent utile d'établir une communication télégraphique ou téléphonique entre les agglomérations importantes et l'usine de production. Bien entendu, les entrepreneurs de distributions ne peuvent faire usage desdites lignes télégraphiques ou téléphoniques que pour la sécurité de leur exploitation et ils ne doivent, en aucun cas, porter atteinte au monopole exclusif de l'Etat pour les communications télégraphiques ou téléphoniques (¹). Pour éviter les fraudes, l'entrepreneur est tenu de soumettre à l'approbation de l'administration locale des Postes et Télégraphes, les projets des lignes qu'il entend établir avec tous renseignements utiles en indiquant notamment les moyens proposés pour permettre à ladite administration d'exercer son contrôle (Cir. M. 3 août 1908). En cas de désaccord sur les dispositions à prendre, le Ministre des Travaux publics statue, après avis du Comité d'électricité.

En troisième lieu, l'article 40 du décret du 3 avril 1908 a stipulé que les supports existants peuvent être utilisés sous certaines conditions par les nouveaux permissionnaires ou concessionnaires.

Art. 40. — « Tout permissionnaire ou concessionnaire est tenu, si l'administration le requiert, de laisser utiliser ses poteaux par d'autres titulaires de permissions ou concessions empruntant la même voie, mais sans qu'il en puisse résulter pour lui aucune gêne dans l'exploitation ni aucune augmentation de charges. »

Malgré les restrictions résultant de l'in fine de cet article, c'est une véritable servitude qui grève les distributions aériennes. A souligner que les nouveaux titulaires ne peuvent exercer leur droit qu'avec le concours de l'administration et ils doivent, en outre, verser à titre de droit d'usage, au premier occupant une indemnité proportionnée aux avantages que leur procure la communauté.

En cas de désaccord entre premier occupant et nouveau titulaire, c'est le Ministre des travaux publics qui statue, après avis du Comité d'électricité.

Les conflits pouvant résulter du règlement des indemnités sont soumis aux tribunaux compétents (Circ. Ministérielle du 3 août 1908).

En quatrième et dernier lieu on peut citer comme condition générale s'appliquant à toutes les distributions électriques, l'obligation imposée au permissionnaire ou concessionnaire de fournir au service du contrôle une statistique annuelle ainsi que la mise à jour et la révision chaque année des plans et des devis des distributions (Décret du 3 avril 1908, art. 58, 44 et 45).

(1) Article 39 du décret du 3 avril 1908.

Le modèle des états statistiques qui doivent être adressés à l'ingénieur en chef du contrôle le 15 avril au plus tard, a été établi par le Comité permanent d'Electricité et publié dans la circulaire ministérielle du 15 avril 1912. Une distinction est faite entre les entreprises desservant des services publics (par permission ou concession) et les installations particulières.

b) Conditions techniques. — Conformément aux dispositions de l'article 19 de la loi du 15 juin 1906, des arrêtés ministériels ont réglé les conditions techniques auxquelles doivent satisfaire les distributions d'énergie électrique. Le premier en date est celui du 21 mars 1908 ; il a été modifié par celui du 21 mars 1910, lequel a été lui-même revisé par l'arrêté du 21 mars 1911.

Toutes les dispositions antérieures ont été abrogées : arrêté préfectoral du 15 septembre 1893, instructions techniques émanant de l'administration des postes et télégraphes, dispositions techniques de l'instruction du 1er février 1907, relative à la traversée des chemins de fer.

L'arrêté du 21 mars 1910, modifié par celui du 21 mars 1911, s'applique à tous les ouvrages de distributions d'énergie électrique empruntant les voies du domaine public, ainsi qu'aux ouvrages établis sur des terrains privés à moins de dix mètres de distance horizontale d'une ligne télégraphique ou téléphonique. Au contraire, il ne s'applique pas aux usines de production d'énergie, ni aux ouvrages d'utilisation situés dans les usines ou autres immeubles. Ainsi que l'avons déjà vu, ces usines ou ouvrages d'utilisation sont soumis aux dispositions du décret du 15 juillet 1907, remplacé par le décret du 1er octobre 1913.

La loi de 1906 n'a pas d'effet rétroactif ; cependant pour toutes les dispositions qui intéressent la sécurité publique, il y a lieu de faire exception et elles doivent être appliquées *aux ouvrages préexistants ;* mais les administrations intéressées doivent n'exiger la transformation des ouvrages préexistants que si la nécessité en est absolument démontrée (Cir. Minist. des Travaux publics, 3 août 1908).

En cas de désaccord entre l'administration et le concessionnaire sur l'application des arrêtés techniques à des ouvrages préexistants, c'est le Ministre des Travaux publics qui statue, après avis du Comité d'Electricité (Décret du 3 avril 1908, article 38, al. 3).

La circulaire ministérielle du 21 mars 1910 recommande aux ingénieurs compétents de veiller à ce que l'établissement des ouvrages d'une distribution ne compromette pas le caractère artistique ou pittoresque des monuments, des paysages ou des vues des villes. A cet effet, ils devront consulter les commissions chargées de veiller à la conservation des monuments et des sites, provoquer au besoin l'avis du Ministre des Beaux-Arts et encore, si les travaux intéressent un immeuble classé parmi les monuments historiques, faire appel à l'architecte ordinaire des monuments historiques.

Nous donnons aux annexes le texte de l'arrêté technique du 21 mars 1910, modifié par celui du 21 mars 1911. Les modifications apportées en 1911 portent principalement sur la traversée des lignes de chemins de fer et sur la traversée des agglomérations par des conducteurs aériens.

L'arrêté se divise en cinq chapitres : dispositions générales ; dispositions spéciales pour la traversée des cours d'eau, canaux et lignes de chemins de fer ; protection des lignes télégraphiques ou téléphoniques ; entretien des ouvrages et exploitation des distributions ; dispositions diverses.

c) Mesures relatives à la police et à la sécurité de l'exploitation. — Les prescriptions relatives à la police et à la sécurité de l'exploitation sont contenues dans le décret du 3 avril 1908 (Chapitre VIII, art. 46 à 53).

Elles visent d'abord l'entretien et l'exploitation. Les distributions d'énergie électrique et toutes les installations annexes doivent être constamment *entretenues en bon état.* A cet effet, les permissionnaires ou concessionnaires doivent prendre toutes mesures utiles. Ils doivent prendre aussi toutes dispositions pour que l'exécution des travaux et l'exploitation de la distribution n'apportent ni gêne ni trouble aux services publics.

Des réquisitions peuvent être adressées au service du contrôle en cas de trouble apporté à un service public par un permissionnaire ou concessionnaire de distribution d'énergie. Nous étudierons cette question dans notre chapitre relatif à l'organisation du Contrôle.

L'article 48 du décret du 3 avril 1908 détermine d'une façon précise dans quel cas l'entrepreneur de distribution d'énergie est tenu *de couper le courant* et les autorités qui ont le droit de requérir cette mesure.

L'entrepreneur est tenu de couper le courant sur l'injonction de l'ingénieur en chef du contrôle, lorsque le mauvais fonctionnement de la distribution est de nature à compromettre la sécurité publique ou encore lorsque là coupure est nécessaire pour permettre aux services publics d'effectuer, dans l'intérêt de la sécurité, la visite, la réparation ou la modification d'ouvrage dépendant de ces services. Sur ce point, si l'interruption du courant est nécessitée non par le mauvais fonctionnement de la distribution mais uniquement dans l'intérêt d'un service public, l'entrepreneur de distributions paraît fondé en droit à réclamer une indemnité ; ceci, en vertu de l'article 22 de la loi de 1906 ainsi conçu :

« Les contestations et réclamations auxquelles peut donner lieu l'application des mesures « prises en vue de la protection des transmissions télégraphiques et téléphoniques et, en géné- « ral, de la marche de tout service public, sont jugées par le Conseil de Préfecture, sauf recours « au Conseil d'Etat, comme en matière de dommages causés par l'exécution des travaux « publics ».

Les agents du contrôle qui assistent l'ingénieur en chef et tous fonctionnaires autorisés à dresser des réquisitions au service de contrôle peuvent, ainsi que nous le verrons, en cas d'accident de personnes ou de danger grave, enjoindre à l'entrepreneur de couper le courant ; ils doivent donner avis de cette mesure à l'ingénieur en chef.

L'article 49 du décret de 1908 et l'article 36 de l'arrêté du 21 mars 1910 prescrivent une série de mesures en cas d'accident. Aux endroits désignés par le Préfet, l'entrepreneur de distribution doit entretenir les médicaments et moyens de secours nécessaires en cas d'accident et afficher les instructions relatives aux mesures à prendre dans ce cas, conformément aux prescriptions en vigueur.

L'article 50 du décret dispose qu'il est défendu à toute personne étrangère au service des distributions d'énergie électrique et aux services publics intéressés :

1) De déranger, altérer, modifier ou manœuvrer sous quelque prétexte que ce soit, les appareils et ouvrages qui dépendent de la distribution.

2) De rien placer sur les supports, conducteurs et tous organes de la distribution, de les toucher et de rien lancer qui puisse les atteindre.

3) De pénétrer, sans y être autorisé régulièrement dans les immeubles dépendant de la distribution et d'y introduire ou laisser introduire des animaux.

L'article 51 est relatif à la vérification par les agents du contrôle. L'entrepreneur de distributions est tenu, toutes les fois qu'il en est requis, d'effectuer devant les agents du contrôle toutes les opérations nécessaires à la vérification des conditions d'exploitation de la distribution ou de mettre à la disposition desdits agents les instruments de mesure nécessaires pour leur permettre de faire eux-mêmes les vérifications.

Les vérifications peuvent avoir lieu en présence des ingénieurs des Télégraphes dans le cas où des troubles seraient constatés sur les lignes télégraphiques ou téléphoniques.

L'article 52 est relatif aux accidents. En cas d'accident entraînant mort d'homme ou blessure grave, le permissionnaire ou le concessionnaire doivent faire immédiatement une déclaration à l'agent local du contrôle technique soit verbalement, soit par exprès, soit par dépêche télégraphique ou téléphonique. La déclaration est toujours confirmée par lettre.

Des avis sont aussi envoyés à l'ingénieur en chef du contrôle et au Procureur de la République. Les mêmes avis doivent être lancés en cas d'incendie grave ou de troubles importants.

Un arrêté ministériel du 9 octobre 1913 a fixé les termes de l'instruction sur les premiers soins à donner aux victimes des accidents électriques : soustraire le plus rapidement la victime aux effets du courant électrique, lui donner les premiers soins en attendant l'arrivée du médecin, emploi de la méthode de la traction rythmée de la langue ou celle de la respiration artificielle, etc.

Les chefs d'industrie, directeurs ou gérants sont tenus d'afficher cette instruction dans un endroit apparent des salles contenant des installations électriques (Décret du 1er octobre 1913, article 13).

d) Relations avec la voirie ou les services publics. — Les relations entre les entrepreneurs de distributions et la voirie ou les services publics, devaient évidemment donner lieu à des contestations. C'est pourquoi le chapitre ix du décret du 3 avril 1908 a déterminé les droits et obligations de chacun des intéressés.

Des modifications peuvent être apportées aux distributions dans l'intérêt de la voirie et des riverains, par suite de l'exécution de travaux publics, des dommages peuvent être causés aux distributions, ou réciproquement elles peuvent en occasionner. Nous allons examiner ces divers points.

1) Modifications dans l'intérêt de la voirie ou des riverains. — D'après l'article 53, 1er alinéa du décret du 3 avril 1908, l'entrepreneur, toutes les fois qu'il en est requis par l'autorité compétente, pour un motif de sécurité publique ou dans l'intérêt de la voirie, est tenu d'opérer *à ses frais* le déplacement des parties de canalisation qui lui sont désignées. Il n'a donc droit à aucune indemnité.

Cette disposition paraît excessive, tout au moins en ce qui concerne le concessionnaire dont les droits sont contractuels. Elle semble aussi en contradiction avec l'article 10 de la loi de 1906.

Cet article, en effet, dit expressément au sujet de la suppression ou de la modification d'ouvrages : « L'indemnité qui peut être dûe dans ce cas au concessionnaire ». .

Cette question n'a d'ailleurs plus grande importance dans la pratique. L'article 2 du cahier des charges-type du 17 mai 1908 comporte une disposition obligatoire :

Art. 2 du cahier des charges. « Le concessionnaire ne pourra réclamer aucune indemnité « pour le déplacement ou la modification des ouvrages établis par lui sur les voies publiques, « lorsque ces changements seront requis par l'autorité compétente *pour un motif de sécurité publi-* « *que ou dans l'intérêt de la voirie.* »

En sens contraire, il faut reconnaître au concessionnaire un recours contre l'administration et un droit à l'indemnité lorsque les modifications ne sont nécessitées par aucun motif de sécurité publique ou d'intérêt de voirie. C'est ainsi que lorsque les riverains ou propriétaires font des réparations à leurs propriétés ou immeubles qui nécessitent des changements dans les canalisations, il semble bien qu'il ne doit pas supporter les frais, bien que l'article 53 du décret indique que l'entrepreneur est tenu de faire les modifications requises par l'administration.

2) Modification par suite de l'exécution de travaux publics. — Art. 55 du décret du 3 avril 1908. « Dans le cas où l'Etat, les départements ou les communes ordonnent ou concèdent, soit « la construction de routes nationales, de routes départementales, de chemins vicinaux, de voies « ferrées, de canaux, soit l'installation de communications télégraphiques ou téléphoniques ou « de distributions d'énergie et, d'une manière générale, l'exécution de travaux publics qui tra- « versent une distribution d'énergie et l'obligent à la modifier, le permissionnaire ou le conces- « sionnaire ne peut s'opposer à ces travaux ».

L'entrepreneur de distributions d'énergie doit donc exécuter les modifications qu'exigent des travaux publics, mais il a droit à une indemnité. En effet, il ne s'agit pas ici de travaux faits dans l'intérêt de la sécurité publique ou de la voirie.

3) Dommages causés aux distributions. — L'entrepreneur de distributions d'énergie électrique ne peut, en vertu de l'article 56 du décret du 3 avril 1908, exercer aucun droit de recours contre l'Etat, les départements ou les communes à raison des dommages résultant du roulage ordinaire sur ou sous le sol des voies publiques, à raison de l'état de la chaussée, accotements, trottoirs, etc., et des conséquences qui peuvent en résulter, à raison encore des travaux exécutés sur la voie publique dans l'intérêt de la sécurité publique ou de la voirie, à raison enfin des travaux exécutés pour l'entretien des lignes télégraphiques ou téléphoniques.

Dans tous les autres cas non visés par le décret, il peut intenter une action devant le conseil de préfecture en réparation du dommage avec recours au Conseil d'Etat.

Mais, de toute façon, vis-à-vis des tiers, il conserve son droit de recours pour tous les dommages causés par ceux-ci aux distributions.

4) Dommages causés par les distributions. — D'après l'article 57 du décret, le permissionnaire ou le concessionnaire reste responsable vis-à-vis des tiers, de l'Etat, des départements et des communes, de tous les dommages occasionnés par l'entreprise de distributions.

Lorsqu'une distribution nouvelle doit traverser une concession préexistante, les travaux nécessités pour le bon fonctionnement des deux entreprises sont à la charge du dernier concessionnaire.

S'il y a accord, les mesures à prendre sont fixées par arrêté préfectoral ; s'il y a désaccord, la décision est prise par le Ministre des Travaux publics, après avis du Comité d'électricité.

CHAPITRE VII

Redevances. — Répression des infractions

a) Redevances. — Aux termes de l'art. 18 (loi du 15 juin 1906) :

« Un règlement d'administration publique déterminera les tarifs des redevances dûes à « l'Etat, aux départements et aux communes, en raison de l'occupation du domaine public par « les ouvrages des entreprises concédées ou munies de permissions de voirie. »

Les tarifs ont été fixés par le décret du 17 octobre 1907, remanié par celui du 7 septembre 1912.

Nous ne pouvons mieux faire que de donner le texte des articles 1, 2, 3 et 5 du décret de 1912, qui déterminent le mode de perception des redevances, qui sont proportionnelles à la longueur des lignes, au nombre des supports et à la surface du domaine public occupé ; le mode de calcul et de recouvrement.

Art. 1er. — Les redevances pour l'occupation du domaine public par les ouvrages de transport et de distribution de l'énergie électrique, quel qu'en soit l'objet, sont proportionnelles à la longueur des lignes, au nombre des supports et à la surface du domaine public occupé.

« Ces redevances sont perçues conformément au tarif ci-après, par l'Etat, le département ou la commune suivant que les emprises font partie du domaine public national, départemental ou communal.

Situation des emplacements du domaine public occupé	Taux de la redevance annuelle par mètre de ligne aérienne ou souterraine	Redevance annuelle fixe pour chaque support, (poteau ou pylône)	Taux de la redevance annuelle par mètre carré pour les postes de transformateurs et autres établissements analogues avec minimun d'un franc par poste
Paris.	o 25	25 »	5o »
Communes autres que Paris de plus de 100.000 habitants.	o o5	5 »	10 »
Communes de plus de 20.000 habitants jusqu'à 100.000 inclusivement	o 02	2 »	4 »
Communes de plus de 5.000 habitants jusqu'à 20.000 inclusivement.	o o1	o 5o	1 »
Communes de 5.000 habitants et au-dessous.	o oo5	o 25	o 5o

« Art. 2. — Les redevances sont perçues chaque année en appliquant le tarif pour une année entière aux ouvrages existant le 31 décembre de l'année précédente.

« Art. 3. — Les redevances prévues à l'article 1er pour l'occupation du domaine public communal peuvent, en cas de distribution concédée et en vertu d'une stipulation spéciale du cahier des charges, soit être réduites par l'autorité concédante pour tenir compte des avantages particuliers réservés à la commune par l'acte de concession, soit être remplacées par des redevances proportionnelles aux recettes brutes totales réaliséss dans la commune, sans toutefois dépasser les maxima fixés par le tarif ci-après :

Désignation des communes	Distribution de l'énergie pour l'éclairage °/₀ des recettes	Distribution de l'énergie pour tous autres usages °/₀ des recettes
Paris	10 »	5 »
Communes de plus de 100.000 habitants	4 »	2 »
Communes de plus de 20.000 habitants jusqu'à 100.000 inclusivement	3 »	1 5o
Communes de plus de 5.000 habitants jusqu'à 20.000 inclusivement	2 »	1 »
Communes de 5.000 habitants et au-dessus	1 »	o 5o

« Les conseils municipaux peuvent, avec l'autorisation du Ministre des travaux publics, établir des redevances supérieures aux maxima indiqués ci-dessus, pour les concessions à accorder dans les communes où il y a des concessions préexistantes, lorsque ce relèvement est nécessaire pour réaliser l'égalité de traitement entre concessionnaires.

« Les entrepreneurs de distributions établies en vertu de permissions de voirie peuvent demander l'application du tarif maximum prévu au présent article, en remplacement du tarif fixé par l'article 1ᵉʳ, à la condition de soumettre leurs recettes à la vérification du service du contrôle.

« Art. 5. — Dans les deux premiers mois de chaque année, l'ingénieur en chef du contrôle dresse un relevé par commune des occupations du domaine public national au 31 décembre de l'année précédente.

« Ce relevé mentionne la population des communes traversées, la longueur des lignes, le nombre des supports et la superficie des ouvrages occupant le domaine public. Il est adressé aux entrepreneurs de distribution le 1ᵉʳ mars au plus tard, avec l'invitation à présenter leurs observations dans le délai d'un mois.

« Il est transmis, avant le 31 mai, par l'ingénieur en chef au directeur des domaines avec l'acceptation des entrepreneurs ou, en cas d'observations présentées par ceux-ci, les conclusions du service du contrôle sur la suite que ces observations comportent.

« Le directeur des domaines transmet le relevé au receveur compétent qui calcule les redevances dues par chaque entreprise. Le receveur procède à l'encaissement de ces redevances conformément aux règles fixées pour le recouvrement des produits et revenus domaniaux.

« Pour la perception des redevances dues en raison des occupations du domaine public départemental, le relevé des ouvrages, établi comme il est dit ci-dessus, est adressé par l'ingénieur en chef du contrôle au préfet. Le recouvrement des redevances calculées d'après cet état est poursuivi conformément aux règles générales de la comptabilité départementale.

« Pour la perception des redevances dues en raison des occupations du domaine public communal, le relevé des ouvrages ou l'état des recettes de la distribution réalisée dans la commune, établi dans les mêmes conditions, est adressé par l'ingénieur en chef du contrôle au maire. Le recouvrement des redevances, calculées d'après ces états, est poursuivi conformément aux règles générales de la comptabilité communale. »

Quid pour les distributions établies antérieurement à la loi du 15 juin 1906 ?

Il faut distinguer suivant qu'il s'agit de permissions de voirie ou de concessions, conformément aux précisions qui ont été données par une circulaire ministérielle du 16 mars 1909.

1) *Permissions de voirie*. — Sur la grande voirie nationale ou départementale, les redevances sont applicables dès l'époque où les conditions fiscales des permissions sont susceptibles d'être révisées (dates fixées par les arrêtés d'autorisation sur la grande voirie pour la révision, délai de 5 ans résultant de l'article 4 de l'arrêté interministériel du 3 août 1878 pour la grande voirie nationale).

Sur des voies faisant partie du domaine public communal, il y a deux cas ; ou bien les permissions comportent des redevances et elles sont appliquées jusqu'à l'époque où les conditions fiscales des dites permissions sont susceptibles d'être révisées, ou bien les permissions ne comportent ni conditions, ni délais pour la révision des redevances et alors la loi du 15 juin 1906 et les décrets qui l'ont suivi n'apportent aucune modification aux permissions de voirie accordées antérieurement.

2) *Concessions*. — D'après la circulaire ministérielle du 16 mars 1909, les distributions établies en vertu de concessions, antérieurement à la loi de 1906, ne sont pas soumises aux redevances jusqu'à leur expiration. Elles restent sous le régime fixé par le cahier des charges pour les redevances s'il en prévoit en faveur de l'autorité concédante.

Contestations et procédure de recouvrement. — Les contestations sur le calcul de la taxe ou sur le principe même de la perception, peuvent faire l'objet de réclamations amiables par voie de pétition au Directeur des Domaines ou au moyen d'un mémoire raisonné présenté au Directeur départemental.

L'administration, pour contraindre au paiement des taxes, adresse un avertissement sans frais suivi d'une contrainte (1).

L'entrepreneur peut former opposition à la contrainte par ministère d'huissier et assigner par le même exploit à huitaine l'Administration devant le Tribunal civil, en faisant élection de domicile au lieu où siège le tribunal.

L'instance est poursuivie par des mémoires sur timbre signifiés par exploit d'huissier et à domicile. Le président du tribunal nomme un juge rapporteur. Le jugement est rendu sur pièces, sans plaidoirie, sur rapport du juge et conclusions du ministère public.

Les jugements ne sont pas susceptibles d'appel, mais le recours en cassation est de droit dans les trois mois.

b) Répression des infractions. — La loi du 15 juin 1906 dans ses articles 23, 24 et 25, a prévu 3 cas de contraventions et, par suite, diverses sortes de pénalités ; suivant qu'il s'agit d'ouvrages

(1) C'est la même procédure qu'en matière de Contributions indirectes.

établis sur des terrains privés, de permissions de voirie ou de concessions, ou enfin d'infractions édictées dans l'intérêt de la sécurité des personnes.

1) Contraventions aux autorisations sur terrains privés. — Il ne peut s'agir, bien entendu, que des autorisations visant les ouvrages établis à moins de 10 mètres de distance horizontale d'une ligne télégraphique ou téléphonique (article 4 de la loi de 1906).

Les contraventions aux arrêtés d'autorisation précités sont punies, après une mise en demeure non suivie d'effet, de l'amende de 11 à 300 francs prévue au décret-loi du 27 septembre 1851, article 2.

« Quiconque aura, par imprudence ou involontairement commis un fait matériel pouvant compromettre le service de la télégraphie électrique ; quiconque aura dégradé ou détérioré, de quelque manière que ce soit, les appareils des lignes de télégraphie électrique ou les machines des télégraphes aériens, sera puni d'une amende de 11 à 300 francs. La contravention sera poursuivie et jugée comme en matière de grande voirie. ».

Les contraventions sont constatées au moyen de procès-verbaux dressés par les agents qualifiés (officiers de police judiciaire, inspecteurs des lignes télégraphiques, etc.). Comme les contraventions de grande voirie, elles sont jugées devant le Conseil de Préfecture avec recours au Conseil d'Etat.

2) Contraventions aux permissions de voirie ou aux clauses du cahier des charges en matière de concessions. — La répression contre le permissionnaire qui enfreint les clauses de sa permission de voirie, contre le concessionnaire qui dépasse les limites de son cahier des charges ou déroge à toutes clauses concernant le service de la navigation, des chemins de fer, des tramways, l'écoulement des eaux, etc., est prévue par l'article 24 de la loi du 15 juin 1906.

Les contraventions sont constatées par des procès-verbaux, jugées comme en matière de grande voirie (Conseil de Préfecture avec recours au Conseil d'Etat) et punies d'une amende de 16 à 300 francs.

Les contrevenants, permissionnaire ou concessionnaire, doivent prendre, en outre, à leur charge, les frais résultant des mesures provisoires prises par le service du contrôle, les frais résultant de tous travaux de modifications, ceux avancés par l'Etat pour la modification des installations des services publics préexistants.

3) Répression des infractions aux dispositions visant la sécurité des personnes. — D'après l'article 25 de la loi de 1906, toute infraction aux dispositions des règlements ou arrêtés ministériels visant la sécurité des personnes, est poursuivie judiciairement et punie d'une amende de 16 à 3.000 francs, sans préjudice des pénalités prévues au Code pénal s'il survient un accident.

Les textes en vigueur, dont nous avons déjà examiné les dispositions essentielles, sont le décret du 3 avril 1908 et l'arrêté ministériel du 21 mars 1910.

Les délits et contraventions sont constatés par des procès-verbaux, dressés par les agents qualifiés (officiers de police judiciaire, ingénieurs des ponts et chaussées et des mines, agents-voyers, gardes particuliers assermentés, etc.).

Les procès-verbaux sont visés pour timbre et enregistrés en débet.

A signaler que l'article 25 s'applique aux infractions qui pourraient être commises aussi bien par les concessionnaires ou permissionnaires que *par des tiers,* alors que l'article 24 dont il a été parlé ci-dessus (2. Contraventions) ne vise que les contraventions commises par le permissionnaire ou le concessionnaire.

En ce qui concerne l'application des pénalités, il y a lieu de s'en rapporter à la circulaire ministérielle du 15 septembre 1908 qui fournit toute précision sur l'application des articles 24 et 25 de la loi.

Nous donnons ci-après le texte de ladite circulaire :

« Il convient, pour l'application des articles 24 et 25 de la loi, de s'inspirer de l'esprit qui a présidé à la rédaction de la circulaire du 5 mars 1906 relative aux contraventions de grande voirie.

« Lorsque les contraventions et infractions tombant sous le coup des articles 24 et 25 de la loi et consistant dans des actes ou des omissions, sont dues à une faute consciente, il y a lieu de dresser immédiatement procès-verbal.

« Mais s'il n'y a pas faute consciente, il est équitable que les fonctionnaires, chargés de l'application de la loi, adressent d'abord aux intéressés un avertissement pour leur signaler la contravention ou l'infraction qu'ils ont commise et leur enjoindre de la faire cesser.

« Cette manière de procéder répond aux usages et traditions de l'Administration des Travaux publics en matière de contraventions et s'accorde avec les principes qui ont guidé le législateur pour la rédaction de la loi du 12 juin 1895 sur l'hygiène et la sécurité des travailleurs, laquelle prévoit une mise en demeure préalable au procès-verbal.

« Il doit d'ailleurs être entendu que si l'avertissement n'est suivi d'aucun effet, et si la contravention ou l'infraction persiste, il y a lieu d'appliquer purement et simplement les articles 24 et 25 de la loi du 15 juin 1906. »

CHAPITRE VIII

Contrôle des distributions. — Questions diverses

Principes généraux. — La loi de 1906 a réalisé l'unité de contrôle pour éviter les conflits possibles entre les différentes administrations (postes et télégraphes, services de voirie) et les inconvénients qui en seraient résultés pour les entrepreneurs.

Le Contrôle a été placé sous l'autorité du Ministre des travaux publics.

Il s'applique, d'une façon générale, à la construction et à l'exploitation des ouvrages de distributions d'énergie ; il concerne la sécurité et les conditions techniques, commerciales et financières de ces distributions (¹).

Il est exercé par les agents dépendant du Ministre des travaux publics, pour les concessions accordées par l'État et les permissions de voirie empruntant la grande voirie ; par les agents délégués par les municipalités lorsqu'il s'agit de concessions accordées par les communes ou de permissions n'empruntant que les voies vicinales ou urbaines.

a) Contrôle de l'État. — Il comprend, nous venons de le dire, les distributions établies en vertu de concessions accordées par l'État et celles résultant de permissions et qui empruntent la grande voirie en tout ou en partie.

(1) Le travail des ouvriers et employés est soumis à l'inspection du travail.

En principe, pour chaque département, il y a à la tête du contrôle un Ingénieur en Chef des Ponts et Chaussées chargé du service ordinaire ; il a sous ses ordres un certain nombre d'agents désignés par le Ministre (décret du 17 octobre 1907).

A signaler qu'il suffit que la distribution emprunte, même pour un parcours insignifiant, la grande voirie, pour qu'elle dépende dans son ensemble de l'Etat au point de vue contrôle.

b) Contrôle des municipalités. — Ce contrôle porte sur les distributions établies en vertu de concessions accordées par les communes ou syndicats de communes et sur celles empruntant exclusivement les voies vicinales et urbaines en vertu de permissions de voirie.

Le service du contrôle est organisé par chaque municipalité, mais le personnel doit remplir certaines conditions de capacité déterminées par le Ministre des travaux publics. Ils sont d'ailleurs soumis à la surveillance de l'ingénieur en chef du contrôle.

c) Délimitation des distributions. — Pour avoir des données sur cette délimitation au point de vue du contrôle, il y a lieu de s'en rapporter à une circulaire ministérielle du 15 septembre 1908 dont nous donnons ci-après le texte :

« La loi du 15 juin 1906 ne détermine pas les limites des distributions et n'indique pas explicitement les moyens de reconnaître si un réseau de lignes électriques, relié à d'autres lignes, constitue au point de vue du contrôle, une distribution individuellement distincte, ou si ce réseau doit être considéré comme faisant partie d'une distribution plus étendue. A défaut de stipulations précises, il convient de s'inspirer, pour faire cette distinction, des principes suivants qui découlent des règles générales posées par la loi.

« Tout ensemble de canalisations et d'ouvrages, reliés entre eux et parcourus par un même courant électrique, doit être considéré comme constituant une seule et même distribution, à la condition que ces canalisations et ouvrages soient autorisés par une décision unique de l'autorité compétente ou par des décisions connexes. Si, au contraire, l'occupation du domaine public est autorisée par des actes distincts, sans connexité entre eux, les canalisations et ouvrages doivent être considérés comme formant des distributions séparées, la nature de chaque distribution étant déterminée par la nature de l'acte qui l'autorise.

« C'est ainsi qu'une ligne de transport à haute tension et toutes les lignes secondaires qu'elle alimente forment une seule distribution, à condition que ces lignes ne soient établies que par permission de voirie. Si, au contraire, les lignes secondaires sont établies en vertu de concessions municipales ou d'Etat, l'ensemble des canalisations et ouvrages forme des distributions distinctes à savoir la ligne de transport et ses annexes, et les distributions concédées.

« De même, si plusieurs communes sont desservies par une même usine, les canalisations qui les sillonnent forment une seule distribution, si elles sont établies en vertu de permissions de voirie ou en vertu d'une concession unique de l'Etat ; elles forment au contraire autant de distributions distinctes qu'il y a de concessions, si elles sont établies en vertu de concessions communales distinctes.

« Les considérations qui précèdent permettent de déterminer dans chaque cas la compétence des divers services de contrôle. Si, par exemple, une ligne de transport est placée sous le contrôle de l'Etat, les lignes secondaires autorisées par permission de voirie qu'elle alimente sont placées sous le même contrôle, quelles que soient les voies empruntées ; au contraire, les réseaux concédés par les communes que la ligne de transport dessert sont placés sous le contrôle des agents délégués par les municipalités, et la limite des attributions des divers services de contrôle est formée par la limite même des concessions envisagées ».

La loi de 1906 s'applique à toutes les distributions sans exception ; par conséquent aux distributions desservant les chemins de fer, les tramways et généralement tous établissements déjà soumis à un contrôle technique de l'administration des travaux publics. Ces établissements n'échappent pas, le cas échéant, au contrôle spécial établi en matière de distributions.

Pour éviter une dualité entre les divers services, la loi attribue au contrôle des distributions, le contrôle des canalisations et intallations *extérieures ;* le service particulier du contrôle de chaque administration assure le contrôle des installations *intérieures.*

En cas de contestation, le Ministre des Travaux publics statue en dernier ressort. (Article 14 du règlement du 17 octobre 1907).

Les distributions établies exclusivement sur les terrains privés échappent au contrôle de l'administration des travaux publics.

d) Attributions des agents du contrôle. — D'une façon générale, ils ont à s'occuper de la construction et de l'exploitation des distributions.

Leurs attributions sont précisées par la circulaire ministérielle du 18 octobre 1907.

« La nouvelle loi attribue à l'ingénieur en chef le contrôle des opérations concernant la voirie, ainsi que le contrôle électrique des distributions.

« D'une part, l'ingénieur en chef est chargé soit seul, soit après accord avec les services intéressés, de l'étude des questions relatives à la délivrance des permissions de voirie sur les voies dont la gestion appartient au Préfet ; il instruit les demandes de concessions à accorder par l'Etat ; il assiste les maires de ses conseils pour la délivrance des permissions de voirie sur les chemins et rues qui relèvent de leur autorité et pour l'octroi des concessions communales ; il dresse les états servant à la perception des redevances pour l'occupation du domaine public, national, départemental ou communal, ainsi que les états relatifs aux frais de contrôle ; il étudie tous les projets d'exécution au point de vue de leurs rapports avec la voirie.

« D'autre part l'ingénieur en chef examine les projets au point de vue électrique et confère à cet effet avec les services intéressés et notamment avec les ingénieurs des Postes et Télégraphes ; il surveille les services de contrôle organisés par les municipalités et d'une manière générale il contrôle la construction et l'exploitation des distributions au point de vue de la sécurité des personnes et des services publics. Les très grandes différences existant entre les divers départements ne permettent pas d'adopter une organisation uniforme pour toute la France ; mais en principe le contrôle devra comprendre deux parties bien distinctes (voirie et exploitation électrique) et son organisation devra, dans chaque département, être analogue à celle qui est en vigueur pour le contrôle des chemins de fer d'intérêt local et des tramways. A cet effet l'ingénieur en chef sera assisté, conformément aux dispositions du décret, d'ingénieurs et agents pris dans les cadres des ponts et chaussées, des mines ou des télégraphes.

« Lorsque le petit nombre des distributions ou leur faible importance ne justifiera pas la désignation d'un ingénieur pour le contrôle purement électrique, ce contrôle pourra être exercé sous l'autorité de l'ingénieur en chef, soit par les fonctionnaires déjà chargés du contrôle au point de vue de la voirie, soit par un ingénieur déjà chargé d'un service analogue dans les départements voisins.

« Les circonstances locales, la compétence du personnel, disponible, permettent seules de déterminer dans chaque cas l'organisation la plus judicieuse et la plus conforme aux intérêts de l'Etat et du public. »

Réquisitions. — En cas de troubles apportés aux services publics, des réquisitions peuvent être adressées aux agents du contrôle, en particulier par l'administration des postes et télégraphes, pour prendre toutes mesures utiles en ce qui concerne les perturbations nuisibles aux transmissions télégraphiques ou téléphoniques et, d'une façon plus générale, par tout fonctionnaire chargé de la surveillance d'un service public qui subirait un trouble du fait de la distribution.

Les réquisitions sont adressées à l'ingénieur en chef du contrôle, par lettre recommandée, avec tous renseignements nécessaires : nature des perturbations, mesures préconisées pour y remédier, etc.

L'ingénieur doit donner suite à la réquisition ; s'il y a contestation entre les services, il provoque une conférence et, à défaut d'entente, le Ministre des Travaux publics est saisi.

De son côté, l'entrepreneur, s'il se prétend lésé par une réquisition, peut demander une indemnité. Il s'adresse au Conseil de Préfecture avec recours au Conseil d'Etat.

Les agents du Contrôle, comme en matière de grande voirie, peuvent prendre toutes mesures provisoires utiles en vue de faire cesser le dommage.

Disons encore que les agents du contrôle dressent des procès-verbaux faisant foi jusqu'à preuve du contraire.

Un point important reste enfin à examiner, c'est celui de la compétence du Ministre des travaux publics, chef du Contrôle d'une part, et celle du Ministre du travail d'autre part, qui doit veiller à la sécurité des travailleurs dans les établissements industriels.

Les pouvoirs de chacun d'eux ont été nettement délimités par une circulaire ministérielle du 15 septembre 1908.

Le contrôle des Travaux publics ne s'exerce que sur les distributions proprement dites, canalisations, transformateurs, sous-stations et ouvrages qui servent à transporter ou transformer le courant.

Tous les autres ouvrages servant à produire ou à utiliser l'énergie électrique et affectés à un usage industriel relèvent du Ministère du travail, notamment les usines de production.

Ces dispositions ne font cependant pas obstacle à ce que le service du Contrôle des distributions exige que les ouvrages de production et d'utilisation soient munis de dispositifs tels que leur exploitation ne constitue pas un danger pour la distribution et si les entrepreneurs ne justifient pas des précautions nécessaires, ledit service serait fondé à interdire la circulation du courant.

e) Frais de contrôle. — La loi de 1906 a prévu des frais de contrôle qui sont dus par l'entrepreneur tant à l'Etat qu'aux municipalités.

Ces frais sont à la charge de toutes industries, concédées ou munies de permissions de voirie, qu'elles soient ou non *antérieures* à la loi. Sur ce dernier point, cependant, si les concessions accordées par les communes et antérieures à la loi ont prévu, dans le cahier des charges, des frais de contrôle, ce sont ces derniers faits qui doivent être perçus. De même s'il a été stipulé formellement que la commune renonce à percevoir tout droit de ce genre, on ne peut obliger le concessionnaire à supporter les frais du contrôle municipal prévus par la loi de 1906.

Les règles relatives au calcul et au recouvrement des frais ont été édictées par le décret du 17 octobre 1907. Des modifications importantes ont été ensuite apportées par le décret du 6 septembre 1912, articles 10, 11 et 12. Nous donnons ci-après le texte de ces 3 articles :

« Art. 10. — Pour le calcul des frais de contrôle, les branchements desservant les immeubles ainsi que les canalisations établies sur des terrains particuliers n'entrent pas en compte.

« Les canalisations aériennes, installées sur le domaine public et empruntant les mêmes supports ou poteaux, et les canalisations souterraines dont les conducteurs sont juxtaposés, sont considérées comme formant une seule ligne dont la longueur est égale à celle de la voie canalisée.

« Pour les canalisations établies en partie sur des voies publiques et en partie sur des terrains particuliers, chaque partie de canalisation établie sur la voie publique est considérée comme ayant au moins un demi-kilomètre. Toutefois, la longueur totale servant ainsi de base à la fixation des frais de contrôle ne peut dépasser la longueur réelle des canalisations lorsque celle-ci excède un demi-kilomètre.

« Chaque permission ou concession donne lieu à la perception de frais de contrôle distincts pour des lignes qu'elle autorise.

« Les frais de contrôle de l'exploitation sont calculés, comme il est dit ci-dessus, pour chaque ligne ou groupe de lignes, à partir du premier jour du trimestre au cours duquel est délivrée l'autorisation de circulation du courant, et jusqu'au dernier jour du trimestre au cours duquel l'exploitation prend fin.

« Indépendemment des frais de contrôle de l'exploitation, il est dû, pour le contrôle de la construction, une somme fixée à forfait et égale au montant des frais de contrôle de l'exploitation pour une année entière.

« Art. 11. — Les frais de contrôle dus aux municipalités sont déterminés par le conseil municipal. Ces frais ne peuvent dépasser 5 francs par kilomètre de ligne et par an.

« Lorsque le contrôle municipal est exercé par les agents du contrôle de l'État, en vertu du deuxième ou du troisième alinéa de l'article 7 ci-dessus, il est perçu, au profit de l'État, tant pour ce contrôle que pour la surveillance exercée par l'administration des travaux publics sur les distributions visées au chapitre II du présent décret, des frais de contrôle calculés sur les mêmes bases que pour les distributions faisant l'objet du chapitre Ier.

« Art. 12. — Les frais de contrôle dus à l'État sont versés annuellement au Trésor sur le vu d'un état arrêté par le ministre ou par le préfet délégué à cet effet, et formant titre de perception.

« Les frais dus aux communes sont acquittés à la caisse municipale sur le vu d'un ordre de versement établi par le maire ».

Pour en terminer avec les distributions, signalons que le décret du 3 avril 1908 (art. 58) a imposé aux permissionnaires et concessionnaires l'obligation d'adresser annuellement, le 15 avril au plus tard, à l'ingénieur en chef du contrôle des *états statistiques* fournissant les renseignements techniques relatifs à l'année écoulée.

Les modèles de ces états, qui furent établis par le Comité permanent d'électricité, sont contenus dans la circulaire ministérielle du 15 avril 1912.

Questions diverses

a) Effets de la loi du 15 juin 1906. — L'article 26 de la loi dit que les permissions et concessions accordées par des actes antérieurs sont maintenues dans leur forme et teneur ; cela revient à dire que la loi n'a pas d'effet rétroactif.

Toutefois, toutes les prescriptions relatives à la sécurité publique contenues dans ladite loi et les règlements qui l'ont suivie sont applicables aux concessions ou permissions antérieures comme aux autres (¹).

La loi de 1895 et toutes les dispositions antérieures contraires au texte de la loi de 1906 ont été abrogées (art. 27).

Des dispositions transitoires furent aussi prévues qui n'ont plus à l'heure actuelle qu'un intérêt restreint. Nous n'y insisterons pas.

b) Comité d'électricité. — Un comité permanent de l'électricité a été créé conformément aux dispositions de l'article 20 de la loi de 1906.

Il ne fut à proprement parler qu'une modification du comité près le ministère du commerce, de l'industrie, des postes et télégraphes qui existait depuis la loi de 1895.

Ses attributions sont prévues par diverses dispositions de la loi ; il est notamment consulté dans beaucoup de cas par les ministres intéressés.

Le comité comprend 3o membres ; 15 représentants professionnels français des grandes industrie électriques et 15 membres appartenant aux cinq ministères ci-après par groupes de trois : Intérieur, Travaux publics, Postes et télégraphes, Guerre et Agriculture.

Les membres sont nommés par décret pour deux ans ; leur fonction est gratuite.

Le décret du 7 février 1907 a déterminé la manière dont le Comité doit fonctionner. Il se réunit obligatoirement trois fois par an aux premiers lundis de février, juin et octobre. En cas d'urgence, il peut être convoqué à une époque quelconque.

Le Comité n'a pas que des attributions consultatives ; il est autorisé à émettre des vœux pour l'étude des questions intéressant les distributions d'énergie.

c) Application de la loi de 1906 en Algérie. — La loi de 1906 et les décrets qui l'ont suivie, ont été rendus exécutoires en Algérie par décret du 14 octobre 1909.

L'application de la loi a lieu sous certaines réserves.

En premier lieu c'est le gouverneur général en Algérie qui a les pouvoirs attribués en France aux divers ministres. Toutefois s'il doit être statué par un décret, le gouverneur général

(2) En ce sens Trib. corr. Boulogne-sur-Mer, 2 décembre 1908.

se contente d'instruire l'affaire et le décret est ensuite préparé et contresigné par le ministre des travaux publics et par le ministre de l'intérieur.

En deuxième lieu, s'il est prescrit par la loi et les décrets de consulter le comité d'électricité, ou encore lorsque le gouverneur croit utile de prendre l'avis de ce comité, il ne peut le faire directement ; il doit transmettre le dossier au ministre qui saisit le comité et le ministre le lui renvoie ensuite avec l'avis du comité.

Un troisième point, très important : il est procédé à l'expropriation, s'il y a lieu, conformément à la législation spéciale à l'Algérie.

A signaler encore que les cautionnements exigés des concessionnaires peuvent être constitués en obligations émises par le gouvernement général de l'Algérie.

Une question de détail enfin. Les extraits de carte à joindre aux demandes de concessions ou de permissions doivent être établis à l'échelle de 1/50.000.

CHAPITRE IX

De l'utilisation de l'énergie électrique

La loi de 1906 et les décrets rendus en exécution de cette loi, que nous venons d'étudier au cours des chapitres précédents, visent exclusivement les distributions d'énergie et les rapports des entrepreneurs avec les pouvoirs publics. Notre étude ne serait pas complète si nous laissions de côté ce qui concerne l'utilisation de l'énergie électrique et les questions qui peuvent résulter, au point de vue civil, des rapports entre les industriels et les consommateurs ou les tiers.

a) Rapports de l'entrepreneur avec les consommateurs. — Il y a entre l'entrepreneur et le consommateur un contrat d'abonnement, quelle en est la nature ? Malgré les divergences qui existent sur ce point entre les divers auteurs, le contrat d'abonnement à l'électricité doit être considéré comme *une vente*, son objet étant l'aliénation d'une chose, moyennant un prix fixé ; comme conséquence, il engendre les diverses obligations résultant du contrat de vente en général. Le contrat d'abonnement est, en outre, *une vente commerciale*.

La police d'abonnement est toujours rédigée en double exemplaire, datée, signée, etc., dans les conditions et formes prévues par les articles 1322 et suivants du Code Civil. Elle doit être rédigée sur timbre, mais ce n'est pas une obligation absolue.

Les contestations auxquelles peuvent donner lieu son interprétation sont soumises aux tribunaux judiciaires ; les parties y insèrent telles clauses qui leur paraissent convenables, qu'ils peuvent modifier au cours du contrat, au moyen d'avenants.

La police doit enfin fixer la durée du contrat ; à défaut d'indications, on peut s'en référer au mode de paiement convenu pour la redevance. La police est généralement renouvelable *par tacite reconduction.*

1) Droits et obligations de l'entrepreneur. — L'entrepreneur peut, en principe, insérer dans la police, toutes les clauses acceptées par l'abonné. Cependant si l'entrepreneur est un concessionnaire, il doit se conformer à son cahier des charges et établir sa police en conséquence.

Son droit essentiel est de percevoir le prix correspondant à la quantité d'énergie électrique consommée.

Ses obligations sont multiples. Il est tenu, avant tout, de fournir au consommateur l'énergie électrique ; il est tenu de faire la livraison devant le domicile de l'abonné ou, en cas de concession, d'établir tous les branchements et installations à l'intérieur des immeubles, ses frais devant lui être remboursés par les intéressés.

La police détermine, en outre, le mode de livraison, le temps, la qualité et la quantité, les personnes à qui est due la fourniture.

L'entrepreneur ne peut se refuser de fournir le courant électrique que dans les cas prévus au cahier des charges de sa concession, ou encore si les appareils installés par le consommateur ne sont pas conformes aux prescriptions administratives.

L'entrepreneur doit, d'une façon générale, procurer au consommateur les avantages prévus, dans la police (fourniture gratuite d'appareils, établissement gratuit de colonnes montantes, remplacement des lampes hors d'état, etc).

Il doit également entretenir en bon état les canalisations et tous ouvrages qu'il a placés sous ou sur la voie publique ou à l'intérieur des immeubles.

Enfin, la somme que l'abonné verse généralement à la signature du contrat à titre d'avance de consommation, devra lui être remboursée à l'expiration de l'abonnement (article 18 du cahier des charges type).

2) *Droits et obligations de l'abonné.* — L'abonné a un premier droit, c'est de s'adresser à plusieurs entrepreneurs de distribution pour la fourniture de l'énergie dont il a besoin et il peut utiliser cette énergie pour tel usage à sa convenance.

Il peut exiger de l'entrepreneur concessionnaire que la police soit conforme au modèle du cahier des charges et agir à l'effet d'obtenir qu'elle soit régulière (1).

L'autorité concédante peut elle-même agir pour faire ordonner la suppression de dispositions irrégulières introduites par le concessionnaire dans ses polices (2).

L'obligation principale de l'abonné est de payer le prix de l'énergie qui lui est fournie ; le prix est soit au compteur, avec minimum obligatoire, soit à forfait. Si l'entrepreneur exploite en vertu d'une concession, le prix ne peut être supérieur au maximum fixé par le cahier des charges ; le prix fixé doit être le même pour tout abonné du même ordre, une jurisprudence considérable est en ce sens.

Le prix est payable au domicile du consommateur sur présentation de la quittance par les agents de l'entrepreneur, généralement tous les mois. En cas de non paiement de la quittance ou pour toute autre cause, si l'entrepreneur coupe le courant, l'abonnement restant à courir sur la police n'est pas exigible. L'entrepreneur conserve cependant son droit à des dommages-intérêts (3).

Le prix est évidemment dû à l'entrepreneur actuel, c'est-à-dire à celui qui fournit l'énergie ; par conséquent, en cas de cession de l'entreprise, le consommateur n'a pas à être averti, le ces-

(1) (Tribunal civil, Seine, 2 décembre 1982. Paris, 27 janvier 1904).
(2) Conseil d'Etat, 15 janvier 1868, 29 janvier 1875, 4 décembre 1885.
(3) Tribunal civil, Seine, 12 novembre 1890.

sionnaire devient immédiatement créancier de l'abonné parce que c'est lui qui fournit l'énergie ; aucune des formalités de l'article 1690 C. C. ne sont à remplir.

L'abonné est tenu de prendre livraison du courant. Les polices, nous l'avons vu, prévoient généralement une consommation minimum ; si aucun minimum n'a été fixé, l'entrepreneur, s'il se croit lésé par la non consommation, peut intenter une action en dommages-intérêts, c'est une une question de fait à trancher par les tribunaux.

De même que l'entrepreneur est tenu d'entretenir en bon état les canalisations et installations qu'il a établies, l'abonné est dans la même obligation pour les installations mises à sa charge par la police.

L'entrepreneur conserve un droit de surveillance et de priorité sur les installations établies par l'abonné même si la police ne comporte aucune clause à cet égard. D'ailleurs, en cas de concession, le cahier des charges prévoit toujours ce droit qui doit être inscrit dans les polices imposées par le concessionnaire (articles 16, 17 et 19 du cahier des charges type).

Il y a lieu encore pour les rapports entre entrepreneurs et abonnés d'examiner l'inexécution du contrat par l'une ou l'autre partie, les sanctions et les tribunaux compétents pour solutionner les litiges.

3) Inexécution du contrat. — L'inexécution des obligations résultant du contrat peut entraîner la résiliation de la police, le paiement de dommages-intérêts au point de vue civil ; certaines violations du contrat peuvent aussi revêtir un caractère frauduleux au point de vue pénal.

En ce qui concerne l'inexécution du contrat par l'abonné, une première question se pose. L'entrepreneur peut-il couper le courant si l'abonné ne tient pas ses engagements même en l'absence de toute clause dans la police sur ce point ? Le cas le plus fréquent est celui de non paiement des mensualités échues.

D'après la jurisprudence de la Cour de Cassation, l'entrepreneur ne peut refuser l'énergie qu'autant que la résolution du contrat aura été prononcée en justice. Cette thèse est basée *juridiquement* sur l'article 1184 du C. C. aux termes duquel lorsqu'une partie viole l'engagement synallagmatique qui la lie « le contrat n'est point résolu de plein droit ». D'ailleurs l'entrepreneur peut insérer une clause dans la police qui est valable « à défaut de paiement des mensualités échues, le contrat sera résilié de plein droit sans aucune formalité judiciaire ». La police peut même stipuler qu'il n'y aura pas de mise en demeure de payer.

4) Fraudes et pénalités. — Il y a fraude de la part de l'abonné lorsqu'il consomme du courant à l'insu de l'entrepreneur ; c'est le détournement, l'appropriation frauduleuse d'une chose qui ne lui appartient pas. La fraude est réprimée par l'application de la loi pénale.

La fraude peut avoir lieu sous diverses formes : par l'augmentation du nombre et de la puissance des lampes prévues au contrat ; par un détournement du courant avant son arrivée au compteur ; en empêchant le fonctionnement régulier de ce compteur. Il peut y avoir, suivant les cas, vol ou simple tromperie qui tombent sous le coup de l'article 379 du Code pénal ou de l'article 1er de la loi du 1er août 1905 (manœuvres entre vendeurs et acheteurs).

5) Inexécution du contrat par l'entrepreneur. — Si nous nous plaçons maintenant au point de vue de l'inexécution du contrat par l'entrepreneur, le cas le plus fréquent est l'interruption du courant pour une durée plus ou moins longue.

Lorsqu'il y a faute de l'entrepreneur, sa responsabilité est engagée et son obligation de " faire " se résout en dommages-intérêts (articles 1142 et suivants du C. C.). Toute clause contraire insérée dans la police ne saurait créer une irresponsabilité absolue à cet égard.

Au contraire, l'entrepreneur n'est pas responsable du cas fortuit ou de force majeure, ceci conformément à l'article 1148 du C. C.

La force majeure suppose qu'il n'y a pas faute du débiteur, qu'il s'agit d'un événement grave et soudain que ledit débiteur ne peut empêcher ou détourner. Il faut en quelque sorte, d'après la jurisprudence de la Cour de Cassation, qu'il s'agisse d'un accident rendant impossible l'exécution de l'obligation et qui ne pouvait être raisonnablement prévu.

L'entrepreneur doit prouver la force majeure.

Les polices d'abonnement contiennent un article qui prévoit « qu'au cas où l'entrepreneur serait obligé d'interrompre la fourniture soit pour le cas de force majeure, soit pour le fait d'utilité publique, il ne sera tenu à aucune indemnité envers l'abonné ». La valeur de cette clause reste soumise à l'interprétation des tribunaux.

Quid en cas de grève d'ouvriers électriciens ? faut-il considérer qu'il y a force majeure. La jurisprudence est en ce sens (1), bien que la théorie de la Cour de Cassation soit qu'une grève ne constitue un cas de force majeure que lorsqu'elle résulte d'un événement impossible à prévoir ou à conjurer.

6) *Tribunaux compétents.* — Si le concessionnaire manque à ses obligations, *l'abonné seul* peut agir contre lui ; il le peut concurremment contre le concessionnaire avec qui il a traité et le concessionnaire de la concession, le cas échéant.

De son côté, le concessionnaire seul peut agir contre l'abonné qui manque à ses obligations.

Lorsqu'il s'agit d'une obligation de faire (défaut de paiement du prix, non fourniture du courant), à moins de convention contraire dans la police, l'action doit être précédée d'une mise en demeure.

Au contraire, l'action peut être engagée immédiatement lorsqu'il s'agit d'une obligation de ne pas faire, car l'acte accompli constitue dès lors l'infraction.

D'une façon générale, les tribunaux compétents sont les tribunaux judiciaires, les polices d'abonnement étant des contrats d'ordre privé. La jurisprudence est constante sur ce point.

Cependant, dans certains cas, lorsqu'il s'agit par exemple de l'interprétation d'une disposition obscure du cahier des charges, ce sont les tribunaux administratifs qui sont saisis (Conseil de Préfecture avec recours au Conseil d'Etat). Les tribunaux judiciaires sursoient jusqu'à ce que la question d'interprétation soit tranchée.

Les abonnements constituent un acte de commerce ; ce sont en fait les tribunaux de commerce qui le plus souvent sont compétents et non pas les tribunaux civils. Ils sont notamment compétents toutes les fois que l'action émane de l'abonné contre l'entrepreneur, une distribu-

(1) Comédie française contre C¹ᵉ Edison. Trib. civ., Seine, 1907.

tion d'énergie ayant par elle-même un caractère commercial, mais l'abonné non commerçant conserve le droit d'option entre les tribunaux de commerce et les tribunaux civils.

Lorsque l'action est intentée par l'entrepreneur, si l'abonné est commerçant (¹), les tribunaux de commerce restent compétents ; dans le contraire, ce sont les tribunaux civils.

Un mot au sujet des locataires.

Ou bien le bail autorise le locataire à faire usage de l'électricité dans ses appartements ; il n'y a pas de difficultés. Le locataire est fondé à faire toutes installations à la condition qu'elles ne modifient pas la destination de l'appartement et qu'elles ne soient pas une cause de danger.

Ou bien, cas très rare, le bail défend l'usage de l'électricité et alors le locataire doit se soumettre aux conditions qu'il a acceptées.

Ou enfin le bail est muet sur la question. On reconnaît au locataire le droit d'établir l'élec_ tricité sans autorisation du propriétaire, à la seule condition de remettre les choses en l'état à la fin du bail (²).

L'abonné, propriétaire ou locataire, est responsable des accidents survenus dans l'immeuble du fait des installations sauf à lui à détruire la présomption établie par l'art. 1384 du C. C.

b) Rapports de l'entrepreneur avec les tiers. — Ils peuvent naître à l'occasion du passage des canalisations sur des terrains privés ; ils peuvent se produire à l'occasion de dommages occasionnés par l'entrepreneur à des tiers ou par des tiers à l'entrepreneur. Nous avons donc 3 points à examiner.

1) Passage des canalisations sur des terrains privés. — Quels sont les droits respectifs des entrepreneurs et des tiers intéressés, lorsque des canalisations souterraines ou aériennes empruntent des terrains privés ou lorsqu'il y a pose de poteaux ou autres ouvrages sur lesdits terrains ? Le principe est contenu dans l'article 552 du Code Civil. « La propriété du sol comporte la propriété du dessus et du dessous ».

D'après ce principe, le propriétaire peut interdire toute emprise sur son fonds sans avoir à justifier d'un préjudice, à moins qu'il n'y ait déclaration d'utilité publique.

Ainsi si cette dernière condition n'est pas remplie, il faut la permission du propriétaire. Une série de jugements sont notamment en faveur du propriétaire, lorsqu'une compagnie d'éclairage électrique a fait poser des fils conducteurs au-dessus d'une propriété privée ; on a reconnu au propriétaire le droit de poursuivre judiciairement la répression.

L'autorisation accordée par le propriétaire de faire passer des fils aériens au-dessus de sa propriété doit être considérée comme un droit d'usage sur le fonds traversé (³).

Le concessionnaire doit traiter avec le véritable propriétaire et les co-propriétaires indivis, s'il y en a. Il doit, en outre, faire spécifier s'il s'agit d'une servitude ou d'une simple tolérance. Il paraît d'ailleurs difficile de stipuler une servitude, car une servitude exige deux fonds (art. 686 du C. C.) ; or, le service établi par le propriétaire est en faveur non pas d'un fonds mais du concessionnaire. Il semble donc que le droit conféré est précaire et doit être regardé comme

(1) A moins que le litige ne soit motivé par l'éclairage de ses appartements particuliers.
(2) Grenoble, 23-7-1897. Trib. civ. Seine, 31-12-1908.
(3) Trib. civil de Marmande, 6 mars 1913.

une simple tolérance ; ce qui ne l'empêche pas de pouvoir être transmis avec le fonds sur lequel il est établi.

Au cas où il a été stipulé une redevance, cette redevance ne fait pas obstacle à un recours du propriétaire en dommages-intérêts s'il subit un préjudice du fait des canalisations.

Nous avons vu que lorsqu'il y a déclaration d'utilité publique, le concessionnaire a droit, sous certaines conditions, aux servitudes d'appui, de passage et d'ébranchage.

2) Dommages causés par l'exploitation à des tiers. — Les dommages peuvent résulter de causes diverses, mais un des cas les plus fréquents est certainement la chute de fils électriques sur la voie publique.

C'est en principe l'entrepreneur de distribution, permissionnaire ou concessionnaire qui est responsable (art. 57 du décret du 3-4-1908).

Il semble cependant que, si l'autorité concédante a pris une part directe aux travaux d'installation, sa responsabilité pourrait être mise en cause, ceci, en cas de concession, bien entendu.

Un entrepreneur qui aura exécuté les travaux pour le compte du concessionnaire pourrait, le cas échéant, être poursuivi.

Divers cas peuvent encore se présenter. La faute de l'entrepreneur de distribution doit être établie, conformément aux articles 1382 et 1383 du Code Civil. Il peut n'avoir qu'une responsabilité limitée qui sera partagée soit avec la victime de l'accident, le cas échéant, ou avec un tiers. Certains auteurs et une partie de la jurisprudence la plus récente admettent la responsabilité présumée de l'entrepreneur et, d'après ce système, la victime n'aurait plus à prouver la faute de l'entrepreneur de distribution. Il y aurait donc une véritable obligation légale ([1]).

La présomption ci-dessus tomberait d'elle-même s'il y avait cas fortuit, force majeure ou faute du demandeur ou d'un tiers.

3) Dommages causés par des tiers à l'exploitation. — Lorsque des tiers ont détérioré, d'une manière quelconque, les ouvrages ou appareils de la distribution, l'entrepreneur peut intenter contre eux une action en dommages-intérêts, conformément aux règles du droit commun.

L'entrepreneur de distribution dispose aussi d'une action pénale contre les auteurs de dégradation volontaire, conformément aux dispositions de l'article 257 du Code pénal (Emprisonnement d'un mois à deux ans, 100 à 500 francs d'amende).

Comme pour les litiges entre entrepreneurs et abonnés, ce sont, en principe, les tribunaux judiciaires qui sont compétents. Si cependant la solution du litige entre entrepreneurs et tiers dépendait d'une interprétation du contrat de concession, les tribunaux judiciaires doivent surseoir jusqu'à ce que la juridiction administrative ait statué sur le point à interpréter.

A signaler encore que, par dérogation à la règle ordinaire, le Conseil de Préfecture est compétent pour statuer sur les dommages provenant de travaux entrepris pour une distribution publique d'énergie ; ces travaux doivent, en effet, être considérés comme travaux publics et l'autorité administrative est, dès lors, seule compétente.

---

(1) En ce sens Lyon, 25 avril 1909. Grenoble, 6 novembre 1906.

ANNEXES

ANNEXE N° 1

Loi du 15 juin 1906 sur les distributions d'énergie

TITRE PREMIER

CLASSIFICATION DES DISTRIBUTIONS D'ÉNERGIE ÉLECTRIQUE

Article premier. — Les distributions d'énergie électrique qui ne sont pas destinées à la transmission des signaux et de la parole et auxquelles le décret-loi du 27 décembre 1851 n'est pas dès lors applicable, sont soumises pour leur établissement et leur fonctionnement aux conditions générales ci-après.

Art. 2. — Une distribution d'énergie électrique n'empruntant en aucun point de son parcours des voies publiques peut être établie et exploitée, soit sans autorisation ni déclaration, soit lorsque ses conducteurs doivent être établis, en un point quelconque, à moins de dix mètres de distance horizontale d'une ligne télégraphique ou téléphonique préexistante, en vertu d'une autorisation délivrée dans des conditions spécifiées au titre II de la présente loi.

Art. 3. — Une distribution d'énergie électrique empruntant sur tout ou partie de son parcours les voies publiques peut être établie et exploitée, soit en vertu de permissions de voirie, sans durée déterminée, dans les conditions spécifiées au titre III de la présente loi, soit en vertu de concessions d'une durée déterminée, avec cahier des charges et tarif maximum, dans les conditions spécifiées au titre IV s'il n'y a pas déclaration d'utilité publique, ou dans celles spécifiées au titre V s'il y a déclaration d'utilité publique.

Elle peut, suivant la demande de l'entrepreneur, être soumise simultanément dans des communes différentes à des régimes différents, soit celui des permissions de voirie sur une partie de son réseau, soit celui de la concession simple ou de la concession déclarée d'utilité publique dans d'autres parties.

TITRE II

DES OUVRAGES DE TRANSPORT ET DE DISTRIBUTION D'ÉNERGIE ÉLECTRIQUE ÉTABLIS EXCLUSIVEMENT SUR DES TERRAINS PRIVÉS SOUS LE RÉGIME DES AUTORISATIONS

Art. 4. — Les autorisations prévues par l'article 2 sont délivrées par le Préfet, en conformité de l'avis émis par l'Administration des Postes et Télégraphes et dans un délai de trois mois à partir de la demande.

Les installations visées dans ces autorisations devront satisfaire aux conditions techniques déterminées par les arrêtés prévus à l'article 19 de la présente loi.

Elles devront être exploitées et entretenues de manière à n'apporter par induction, dérivation ou autrement, aucun trouble dans les transmissions télégraphiques ou téléphoniques par les lignes préexistantes.

Lorsque, pour prévenir ou faire cesser ce trouble, il sera nécessaire d'exiger le déplacement ou la modification des lignes télégraphiques ou teléphoniques préexistantes et en cas de non-entente avec l'exploitant, la nature des travaux à exécuter sera déterminée par le Ministre du Commerce, de l'Industrie, des Postes et Télégraphes, après avis du Comité d'électricité visé par l'article 20. Dans tous les cas, les frais nécessités par ces déplacements ou modifications seront à la charge de l'exploitant.

TITRE III

DES OUVRAGES DE TRANSPORT ET DE DISTRIBUTION D'ÉNERGIE ÉLECTRIQUE
ÉTABLIS SOUS LE RÉGIME DES PERMISSIONS DE VOIRIE

Art. 5. — Les permissions de voirie sont délivrées par le Préfet ou par le Maire, suivant que la voie empruntée rentre dans les attributions de l'un ou de l'autre, sous les conditions ordinaires des arrêtés réglementaires relatifs à ces permissions, et, en outre, sous les conditions stipulées par les règlements d'administration publique visés à l'article 18 de la présente loi.

Elles ne peuvent prescrire aucune disposition relative aux conditions commerciales de l'exploitation.

Elles ne peuvent imposer au permissionnaire aucune charge pécuniaire autre que les redevances prévues au § 7 de l'article 18.

Aucune permission de voirie ne peut faire obstacle à ce qu'il soit accordé sur les mêmes voies des permissions ou concessions concurrentes.

TITRE IV

RÉGIME DES CONCESSIONS SIMPLES SANS DÉCLARATION D'UTILITÉ PUBLIQUE

Art. 6. — La concession d'une distribution publique d'énergie est donnée, après enquête, soit par la commune ou par le syndicat formé entre plusieurs communes, si la demande de concession ne vise que le territoire de la commune ou du syndicat, soit par l'Etat dans les autres cas.

Toute concession est soumise aux clauses d'un cahier des charges conforme à l'un des types approuvés par décret délibéré en Conseil d'Etat, sauf les dérogations ou modifications qui seraient expressément formulées dans les conventions passées au sujet de ladite concession.

Art. 7. — Lorsque la concession est de la compétence de l'Etat, l'acte de concession est passé par le Préfet, si elle ne s'étend que sur des communes situées dans le territoire du département, ou par le Ministre des Travaux publics, après avis du Ministre de l'Intérieur, si elle s'étend sur des communes situées dans plusieurs départements.

Lorsque la concession est de la compétence de la commune, l'acte de concession est passé par le Maire, en exécution d'une délibération du Conseil municipal.

Si la concession est de la compétence d'un syndicat de communes, l'acte de concession est passé par le Président du Comité du Syndicat, en exécution d'une délibération de ce Comité, homologuée par des délibérations des Conseils municipaux de toutes les communes syndiquées.

La concession donnée au nom de la commune ou du syndicat de communes n'est définitive qu'après avoir été approuvée par le Préfet.

Toutefois, si l'acte de concession passé par le Ministre, le Préfet, le Maire ou le Président du Comité du syndicat des communes comporte des dérogations ou modifications au cahier des charges-type, il ne devient définitif qu'après avoir été approuvé par un décret délibéré en Conseil d'Etat.

Art. 8. — Aucune concession ne peut faire obstacle à ce qu'il soit accordé des permissions de voirie ou une concession à une entreprise concurrente, sous la réserve que celle-ci n'aura pas des conditions plus avantageuses.

Toutefois, l'acte par lequel une commune ou un syndicat de communes donne la concession de l'éclairage public et privé sur tout ou partie de son territoire peut stipuler que le concessionnaire aura seul le droit d'utiliser les voies publiques dépendant de la commune ou des communes syndiquées dans les limites de sa concession, en vue de pourvoir à l'éclairage privé par une distribution publique d'énergie, sans que cependant ce privilège puisse s'étendre à l'emploi de l'énergie à tous usages autres que l'éclairage, ni à son emploi accessoire pour l'éclairage des locaux dans lesquels l'énergie est ainsi utilisée.

Pendant la durée du privilège ainsi institué, les permissions de voirie délivrées par le Préfet et les actes de concession passés au nom de l'Etat devront tenir compte de ce privilège dans les obligations imposées aux permissionnaires et concessionnaires.

Art. 9. — L'acte de concession ne peut imposer au concessionnaire une charge pécuniaire autre que les redevances prévues au § 7 de l'article 18, ni attribuer à l'Etat ou à la commune des avantages particuliers autres que les prix réduits d'abonnements qui seraient accordés aux services publics pour des fournitures équivalentes.

Art. 10. — La concession confère à l'entrepreneur le droit d'exécuter sur les voies publiques et leurs dépendances tous travaux nécessaires à l'établissement et à l'entretien des ouvrages en se conformant aux conditions du cahier des charges, des règlements de voirie et des règlements d'administration publique prévus à l'article 18 ci-après.

L'autorité qui a fait la concession a toujours le droit, pour un motif d'intérêt public, d'exiger la suppression d'une partie quelconque des ouvrages d'une concession ou d'en faire modifier les dispositions et le tracé.

L'indemnité qui peut être due dans ce cas au concessionnaire est fixée par les tribunaux compétents si les obligations et droits de celui-ci ne sont pas réglés soit par le cahier des charges, soit par une convention postérieure.

TITRE V

RÉGIME DES CONCESSIONS DÉCLARÉES D'UTILITÉ PUBLIQUE

Art. 11. — Sont applicables aux concessions déclarées d'utilité publique l'article 6, les paragraphes 1er, 2 et 3 de l'article 7 et les articles 8, 9 et 10 de la présente loi.

La déclaration d'utilité publique est prononcée, après enquête, par un décret délibéré en Conseil d'Etat, sur le rapport des Ministres des Travaux publics et de l'Intérieur, après avis du Ministre du Commerce, de l'Industrie, des Postes et des Télégraphes et du Ministre de l'Agriculture.

L'acte de concession ne devient définitif qu'après avoir été approuvé par ce décret.

Art. 12. — La déclaration d'utilité publique investit le concessionnaire, pour l'exécution des travaux dépendant de la concession, de tous les droits que les lois et règlements confèrent à l'Administration en matière de travaux publics. Le concessionnaire demeure en même temps soumis à toutes les obligations qui dérivent, pour l'administration, de ces lois et règlements.

S'il y a lieu à expropriation, il y est procédé conformément à la loi du 3 mai 1841, au nom de l'autorité concédante et aux frais du concessionnaire.

La déclaration d'utilité publique d'une distribution d'énergie confère, en outre, au concessionnaire le droit :

1° D'établir à demeure des supports et ancrages pour conducteurs aériens d'électricité, soit à l'extérieur des murs ou façades donnant sur la voie publique, soit sur les toits et terrasses des bâtiments, à la condition qu'on y puisse accéder par l'extérieur, étant spécifié que ce droit ne pourra être exercé que sous les conditions prescrites, tant au point de vue de la sécurité qu'au point de vue de la commodité des habitants, par les règlements d'administration publique prévus à l'article 18, les dits règlements devant limiter l'exercice de ce droit au cas de courants électriques tels que la présence desdits conducteurs d'électricité à proximité des bâtiments ne soit pas de nature à présenter, nonobstant les précautions prises conformément aux règlements, des dangers graves pour les personnes ou les bâtiments ;

2° De faire passer les conducteurs d'électricité au-dessus des propriétés privées sous les mêmes conditions et réserves que celles spécifiées à l'alinéa 1° ci-dessus ;

3° D'établir à demeure des canalisations souterraines ou des supports pour conducteurs aériens sur des terrains privés non bâtis qui ne sont pas fermés de murs ou autres clôtures équivalentes ;

4° De couper les branches d'arbres qui, se trouvant à proximité des conducteurs aériens d'électricité, pourraient, par leur mouvement ou leur chute, occasionner des courts-circuits ou des avaries aux ouvrages.

L'exécution des travaux prévus aux alinéas 1° à 4° ci-dessus doit être précédée d'une notification directe aux intéressés et d'une enquête spéciale dans chaque commune ; elle ne peut avoir lieu qu'après approbation du projet de détail des tracés par le Préfet.

Elle n'entraîne aucune dépossession ; la pose d'appuis sur les murs ou façades ou sur les toits ou terrasses des bâtiments ne peut faire obstacle au droit du propriétaire de démolir, réparer ou surélever. La pose des canalisations ou supports dans un terrain ouvert et non bâti ne fait pas non plus obstacle au droit du propriétaire de se clore ou de bâtir. Le propriétaire devra, un mois avant d'entreprendre les travaux de démolition, réparation, surélévation, clôture ou bâtiment, prévenir le concessionnaire par lettre recommandée adressée au domicile élu par ledit concessionnaire.

Les indemnités qui pourraient être dues à raison des servitudes d'appui, de passage ou d'ébranchage, prévues aux alinéas 1°, 2°, 3° et 4° ci-dessus, sont réglées en premier ressort par le juge de paix ; s'il y a expertise, le juge peut ne nommer qu'un seul expert.

TITRE VI

CONDITIONS COMMUNES A L'ÉTABLISSEMENT ET A L'EXPLOITATION DES DISTRIBUTIONS
SOUS LE RÉGIME DES PERMISSIONS DE VOIRIE OU DES CONCESSIONS

Art. 13. — L'établissement et l'exploitation des lignes de transport d'énergie électrique placées sous le régime, soit du titre III, soit du titre IV, soit du titre V de la présente loi, sont soumises aux conditions ci-après.

Art. 14. — Les projets sont examinés par les représentants des services intéressés dans une conférence à láquelle prennent part, dans tous les cas, les représentants de l'Administration des Postes et des Télégraphes. Si l'accord en vue de l'exécution des projets n'intervient pas au cours de la conférence, l'affaire est soumise au Comité d'électricité. Si tous les ministres intéressés n'adhèrent pas à l'avis du Comité, il est statué par décret en Conseil des Ministres.

Art. 15. — La mise en service d'une distribution d'énergie électrique ne peut avoir lieu qu'à la suite des essais faits en présence du service du contrôle et des représentants des services intéressés et après délivrance, par le Préfet, d'une autorisation de circulation du courant.

Art. 16. — Le contrôle de la construction et de l'exploitation est exercé sous l'autorité du Ministre des Travaux publics, soit par les agents qu'il aura délégués à cet effet lorsqu'il s'agit de concessions données par l'Etat ou de permissions pour des distributions empruntant en tout ou en partie la grande voirie, soit par les agents délégués par les municipalités lorsqu'il s'agit de concessions données par les communes ou les syndicats de communes ou de permissions pour des distributions n'empruntant que les voies vicinales ou urbaines.

Art. 17. — L'Administration des Postes et des Télégraphes peut adresser au service du contrôle, constitué comme il est dit à l'article 16, une réquisition à l'effet de prendre toutes les mesures nécessaires pour prévenir ou faire cesser toute perturbation nuisible aux transmissions par les lignes télégraphiques ou téléphoniques actuellement existantes dans le rayon d'influence des conducteurs d'énergie électrique.

Semblable réquisition peut être adressée au service du contrôle par les fonctionnaires chargés de la surveillance de tout service public dont la marche subirait une atteinte du fait du fonctionnement d'une distribution d'énergie.

Le service du contrôle est tenu de prendre les mesures nécessaires pour qu'il soit immédiatement déféré à la réquisition.

En cas de contestation, il est ensuite procédé comme il est dit à l'article 14.

Art. 18. — Des règlements d'administration publique, rendus sur le rapport du Ministre de l'Intérieur, du Ministre des Travaux publics, du Ministre du Commerce, de l'Industrie, des Postes et Télégraphes, du Ministre de l'Agriculture et, en outre, sur le rapport du Ministre des Finances pour les règlements de l'alinéa 7°, déterminent :

1° La forme des enquêtes prévues aux articles 6, 11 et 12, étant stipulé que l'avis des Conseils municipaux intéressés devra être demandé au cours de ces enquêtes ;

2° Les formes de l'instruction des projets et de leur approbation ;

3° L'organisation du contrôle de la construction et de l'exploitation dont les frais sont à la charge du concessionnaire ou du permissionnaire ;

4° Les conditions générales et d'intérêt public auxquelles devront satisfaire les ouvrages servant à la distribution d'énergie, soit en vertu de concessions, soit en vertu de permissions de voirie ;

5° La forme des réquisitions à adresser en exécution de l'article 17 ;

6° Les mesures relatives à la police et à la sécurité de l'exploitation des distributions d'énergie ;

7° Les tarifs des redevances dûes à l'Etat, aux départements et aux communes, en raison de l'occupation du domaine public par les ouvrages des entreprises concédées ou munies de permissions de voirie ;

8° Et en général, toutes les mesures nécessaires à l'exécution de la présente loi.

Les règlements visés par les alinéas 2°, 4°, 6° seront pris après avis du Comité d'électricité.

Art. 19. — Des arrêtés pris par le Ministre des Travaux publics et le Ministre du Commerce, de l'Industrie, des Postes et des Télégraphes, après avis du Comité d'électricité, déterminent les conditions techniques auxquelles devront satisfaire les distributions d'énergie au point de vue de la sécurité des personnes et des services publics intéressés, ainsi qu'au point de vue de la protection des paysages. Ces conditions seront soumises à une révision annuelle.

TITRE VII

DISPOSITIONS DIVERSES

Art. 20. — Il sera formé un Comité d'électricité composé, pour une moitié de représentants professionnels français des grandes industries électriques et, pour l'autre moitié, de membres pris dans les Administrations de l'Intérieur, des Travaux publics, du Commerce, de l'Industrie, des Postes et des Télégraphes, de la Guerre et de l'Agriculture.

Les fonctionnaires membres de ce Comité, au nombre de quinze, seront nommés par décret sur les propositions que les Ministres de l'Intérieur, des Travaux publics, du Commerce, de l'Industrie, des Postes et Télégraphes, de la Guerre et de l'Agriculture présenteront, chacun en ce qui le concerne, en raison de trois par ministère.

Les représentants professionnels des grandes industries électriques, au nombre de quinze, seront nommés par décrets, sur les propositions du Ministre des Travaux publics et du Ministre du Commerce, de l'Industrie, des Postes et des Télégraphes.

Le Comité donnera son avis dans les cas prévus par la présente loi et sur toutes les questions dont les Ministres intéressés le saisiront.

Le mode de son fonctionnement sera déterminé par un règlement d'administration publique.

Art. 21. — La déclaration d'utilité publique d'ouvrages à exécuter par l'Etat, un département, une commune ou une association syndicale de la loi du 26 juin 1865, modifiée par celle du 22 décembre 1888, ou par leur concessionnaire, confère à l'Administration ou au concessionnaire pour l'établissement ou le fonctionnement des conducteurs d'énergie employés à l'exploitation de ces ouvrages, les droits de passage, d'appui et d'ébranchage spécifiés à l'article 12 ci-dessus, avec application des dispositions spéciales édictées à cet effet par les règlements d'administration publique prévus à l'article 18.

Le bénéfice de ces droits restera acquis à l'Administraiion ou au concessionnaire, même dans le cas où l'énergie serait fournie aux conducteurs par une usine privée ou par une entreprise de distribution publique d'énergie non déclarée d'utilité publique, et aussi dans le cas où les ouvrages serviraient simultanément à un transport d'énergie destiné à des usages autres que le service public ou le service de l'Association syndicale.

Art. 22. — Les contestations et réclamations auxquélles peut donner lieu l'application dés mesures prises en vue de la protection des transmissions télégraphiques et téléphoniques, et en général de la marche de tout service public, sont jugées par le Conseil de Préfecture, sauf recours au Conseil d'Etat, comme en matière de dommages causés par l'exécution des travaux publics.

Art. 23. — Toute contravention aux arrêtés d'autorisation pris en conformité des dispositions du titre II de la présente loi sera, après une mise en demeure non suivie d'effet, punie, des pénalités portées à l'article 2 du décret-loi du 27 décembre 1851. Elle sera constatée, poursuivie et réprimée dans les formes déterminées au titre V dudit décret.

Art. 24. — Lorsque le permissionnaire ou le concessionnaire d'une distribution d'énergie contreviendra aux clauses de la permission de voirie ou du cahier des charges de la concession ou aux décisions rendues en exécution de ces clauses, en ce qui concerne le service de la navigation ou des chemins de fer ou tramways, la viabilité des voies nationales, départementales ou communales, le libre écoulement des eaux, le fonctionnement des communications télégraphiques ou téléphoniques, procès-verbal sera dressé de la contravention par les agents du service intéressé dûment assermentés.

Ces contraventions seront poursuivies et jugées comme en matière de grande voirie et punies d'une amende de seize francs (16 fr.) à trois cents francs (300 fr.), sans préjudice de la réparation du dommage causé.

Le service du contrôle pourra prendre immédiatement toutes les mesures provisoires pour faire cesser le dommage, comme il est procédé en matière de voirie. Les frais qu'entraînera l'exécution de ces mesures, ainsi que ceux des travaux que les administrations intéressées auraient été amenées à faire comme suite à la réquisition visée à l'article 17, seront à la charge du permissionnaire ou du concessionnaire. Il en sera de même pour les frais avancés par l'Etat pour la modification des installations des services publics préexistants.

Art. 25. — Toute infraction aux dispositions édictées dans l'intérêt de la sécurité des personnes, soit par des règlements d'administration publique, soit par les arrêtés visés à l'article 19, sera poursuivie devant les tribunaux correctionnels et punie d'une amende de seize francs (16 fr.) à trois mille francs (3.000 fr.), sans préjudice de l'application des pénalités prévues au Code pénal en cas d'accident résultant de l'infraction.

Les délits et contraventions pourront être constatés par des procès-verbaux dressés par les officiers de police judiciaire, les ingénieurs et agents des ponts et chaussées et des mines, les ingénieurs et agents du service des télégraphes, les agents voyers, les agents municipaux chargés de la surveillance ou du contrôle et les gardes particuliers du concessionnaire agréés par l'Administration et dûment assermentés.

Ces procès-verbaux feront foi jusqu'à preuve du contraire.

Ils seront visés pour timbre et enregistrés en débet.

Ceux qui seront dressés par des gardes particuliers assermentés devront être affirmés dans les trois jours, à peine de nullité, devant le Juge de Paix ou le Maire, soit du lieu du délit ou de la contravention, soit de la résidence de l'agent.

Art. 26. — Sont maintenues dans leur forme et teneur les concessions et permissions accordées par des actes antérieurs à la présente loi.

Art 27. — Sont abrogées la loi du 25 juin 1895 et toutes les dispositions contraires à la présente loi.

ANNEXE N° 2

Décret du 17 Octobre 1907

Organisant le service du contrôle des distributions d'énergie électrique,

en exécution de l'art. 18 (3°) de la loi du 15 juin 1906.

CHAPITRE PREMIER

DISTRIBUTIONS ÉTABLIES EN VERTU DE CONCESSIONS ACCORDÉES PAR L'ÉTAT ET DISTRIBUTIONS EMPRUNTANT EN TOUT OU EN PARTIE LA GRANDE VOIRIE EN VERTU DE PERMISSIONS.

Article premier. — Le contrôle des distributions d'énergie électrique établies en vertu de concessions accordées par l'Etat et des distributions empruntant en tout ou en partie la grande voirie en vertu de permissions, est exercé dans chaque département par un ingénieur en chef.

Deux ou plusieurs départements peuvent, par décision spéciale du Ministre des Travaux publics, être réunis en une circonscription unique.

Art. 2. — L'ingénieur en chef du contrôle des distributions d'énergie électrique est assisté d'agents dont le nombre et la répartition sont arrêtés par le Ministre des Travaux publics suivant l'importance des distributions à contrôler.

Art. 3. — L'inspection des services de contrôle est assurée par des inspecteurs généraux.

Art. 4. — Les inspecteurs généraux, ingénieurs en chef et autres agents du contrôle sont nommés par arrêté du Ministre des Travaux publics et pris dans les cadres des ponts et chaussées, des mines ou des télégraphes, sous réserve des dispositions de l'article 7.

Les ingénieurs en chef et autres agents du contrôle sont pris dans le personnel en service dans le département.

CHAPITRE II

DISTRIBUTIONS ÉTABLIES EN VERTU DE CONCESSIONS DONNÉES PAR LES COMMUNES ET LES SYNDICATS DE COMMUNES ET DISTRIBUTIONS EMPRUNTANT EXCLUSIVEMENT DES VOIES VICINALES OU URBAINES EN VERTU DE PERMISSIONS.

Art. 5. — Les agents désignés par les Municipalités pour le contrôle des distributions établies en vertu de concessions données par les communes ou les syndicats de communes et des distributions empruntant exclusivement les voies vicinales et urbaines doivent remplir les conditions de capacité fixées par le Ministre des Travaux publics.

Art. 6. — Ces agents seront soumis à la surveillance de l'Ingénieur en chef du contrôle. Des arrêtés du Ministre des Travaux publics déterminent les conditions de détail dans lesquelles est exercée cette surveillance.

Art. 7. — Les agents de municipalités peuvent, sur la proposition de l'Ingénieur en chef du contrôle et avec l'assentiment des municipalités qui les ont désignés, être chargés, par arrêté du Ministre des Travaux publics, d'assister l'Ingénieur en chef pour le contrôle des distributions visées au chapitre I.

CHAPITRE III

DISTRIBUTIONS DESSERVANT LES CHEMINS DE FER, TRAMWAYS ET AUTRES ENTREPRISES SOUMISES A UN CONTROLE TECHNIQUE DE L'ADMINISTRATION.

Art. 8. — Le contrôle des distributions desservant les chemins de fer, tramways et établissements soumis à un contrôle technique de l'Administration est assuré par le service chargé de ce contrôle pour les canalisations et installations électriques intérieures de ces voies de transport ou établissements, et par le service du contrôle des distributions d'énergie électrique pour les canalisations extérieures alimentant ces installations.

Il peut être dérogé à cette règle par décision spéciale du Ministre des Travaux publics.

CHAPITRE IV

FRAIS DE CONTROLE

Art. 9. — Le Ministre des Travaux publics arrête chaque année les bases d'après lesquelles sont fixés à forfait les frais de contrôle dus à l'Etat par les entrepreneurs de distributions établies en vertu de permissions ou de concessions.

Ces frais, proportionnels à la longueur des lignes, ne peuvent dépasser 10 francs par kilomètre de ligne et par an pour les distributions soumises au contrôle exclusif de l'Etat, et 5 francs par kilomètre de ligne et par an pour les distributions soumises au contrôle des municipalités sous l'autorité du Ministre des Travaux publics.

Art. 10. — Pour le calcul des frais de contrôle, les branchements desservant les immeubles ainsi que les canalisations établies sur des terrains particuliers n'entrent pas en compte.

Les canalisations aériennes installées sur le domaine public et empruntant les mêmes supports ou poteaux, et les canalisations souterraines dont les conducteurs sont juxtaposés, sont considérés comme formant une seule ligne, dont la longueur est égale à celle de la voie canalisée.

Pour les canalisations établies en partie sur des voies publiques et en partie sur des terrains particuliers, chaque section de canalisation établie sur la voie publique est considérée comme ayant un kilomètre au moins, sans toutefois que la longueur totale servant ainsi de base à la fixation des frais de contrôle puisse être supérieure à la longueur réelle des canalisations.

Les frais de contrôle sont calculés par trimestre ; tout trimestre commencé est compté pour un trimestre entier.

Chaque permission ou concession donne lieu à perception de frais de contrôle distincts pour les lignes qu'elle autorise.

Art. 11. — Les frais de contrôle dûs aux municipalités sont déterminés par le Conseil municipal. Ces frais ne peuvent dépasser 5 francs par kilomètre de ligne et par an.

Art. 12. — Les frais de contrôle dûs à l'Etat sont versés annuellement au Trésor sur le vu d'un état arrêté par le Ministre ou par le Préfet délégué à cet effet et formant titre de perception.

Les frais dûs aux communes sont acquittés à la caisse municipale sur le vu d'un ordre de versement établi par le Maire.

A défaut de payement par l'entrepreneur, le recouvrement est poursuivi en conformité des règles générales de la comptabilité publique de l'Etat ou de la comptabilité municipale.

Art. 13 *(modifié par décret du 30 déc. 1909)*. — Le tarif maximum des frais de contrôle prévus aux articles 9 et 11 ci-dessus sera revisé au plus tard le 1er janvier 1912.

Après la première revision, le tarif pourra être revisé tous les dix ans.

CHAPITRE V
DISPOSITIONS DIVERSES

Art. 14. — Lorsqu'une distribution s'étend sur le territoire de plusieurs départements, elle peut être rattachée au service d'un seul ingénieur en chef.

D'une manière générale, en cas de difficulté relative à la compétence des divers services de contrôle, il est statué par le Ministre des Travaux publics.

Art. 15. — Le Ministre de l'Intérieur, le Ministre des Travaux publics, des Postes et des Télégraphes et le Ministre de l'Agriculture sont chargés, chacun en ce qui le concerne, de l'exécution du présent décret, qui sera publié au *Journal Officiel* de la République française et inséré au *Bulletin des lois*.

ANNEXE N° 3

Décret du 3 Avril 1908
Portant règlement d'administration publique pour l'application de la loi du 15 juin 1906 sur les distributions d'énergie.

CHAPITRE PREMIER
AUTORISATIONS POUR LES DISTRIBUTIONS D'ÉNERGIE ÉLECTRIQUE ÉTABLIES
EXCLUSIVEMENT SUR LES TERRAINS PRIVÉS
Forme et présentation de la demande en autorisation

Article premier. — Toute demande en autorisation pour les ouvrages de distribution d'énergie électrique à établir exclusivement sur des terrains privés. mais à moins de dix mètres de distance horizontale d'une ligne télégraphique ou téléphonique préexistante, est adressée en double expédition au Préfet qui la transmet immédiatement à l'Ingénieur en chef du contrôle.

Elle est accompagnée d'un plan indiquant le tracé de la ligne et d'un état de renseignements, conforme au modèle arrêté par le Ministre des Postes et des Télégraphes, après avis du Comité d'électricité.

Instruction de la demande et délivrance de l'autorisation

Art. 2. — L'ingénieur en chef du contrôle, après avoir constaté que les ouvrages projetés rentrent dans la catégorie prévue par le titre II de la loi du 15 juin 1906, transmet le dossier à l'ingénieur en chef des télégraphes ou à son délégué ; celui-ci formule son avis sur les conditions techniques auxquelles doit satisfaire l'installation en vue d'éviter les troubles dans le fonctionnement des lignes télégraphiques ou téléphoniques préexistantes ; il indique, s'il y a lieu, les travaux à exécuter à cet effet, fait signer au demandeur les engagements nécessaires et adresse le dossier au Préfet.

Le Préfet, en conformité de l'avis de l'Administration des Télégraphes, accorde l'autorisation demandée.

CHAPITRE II

PERMISSIONS DE VOIRIE

Forme et présentation de la demande

Art. 3. — Toute demande de permission de voirie pour une distribution d'énergie électrique ne s'étendant que sur un département est adressée au Préfet, qui en donne récépissé et la transmet immédiatement à l'ingénieur en chef du contrôle.

Si la distribution doit s'étendre sur plus d'un département, la demande est adressée au Ministre des Travaux publics, qui désigne le service chargé de l'instruction, transmet le dossier à ce service et en avise les préfets des départements intéressés et le demandeur.

Art. 4. — La demande indique le lieu où le pétitionnaire élit domicile et où lui seront valablement faites par l'administration toutes notifications utiles. Elle est accompagnée d'un *avant-projet* comprenant :

1º Un extrait de carte à l'échelle de 1/80000ᵉ ;

2º Un plan général et une nomenclature des voies publiques à emprunter ;

3º Un mémoire indiquant la destination et l'importance de la distribution, l'emplacement et la nature des ouvrages projetés ;

4º Des dessins donnant les types des installations à établir sur le domaine public.

Le pétitionnaire fournit, sur la demande du service de contrôle, des exemplaires du dossier en nombre suffisant pour l'instruction.

Instruction de la demande et délivrance des permissions pour les distributions qui empruntent des voies dépendant de la grande voirie, des chemins de grande communication ou des chemins d'intérêt commun.

Art. 5. — Lorsque la distribution doit emprunter en tout ou partie, des voies dépendant de la grande voirie, des chemins vicinaux de grande communication ou des chemins d'intérêt commun, l'ingénieur en chef consulte les ingénieurs et agents voyers préposés à l'administration de ces voies.

Il communique à chacun des maires des communes traversées l'extrait du dossier concernant sa commune. Dans le délai de quinze jours, les maires renvoient à l'ingénieur en chef les pièces communiquées en formulant leurs observations sur les permissions qui sont de la compétence du Préfet et en joignant à leur envoi les arrêtés portant délivrance des permissions de voirie pour les voies qui sont de leur compétence ou, à défaut, en indiquant les motifs qui s'opposent à la délivrance de ces permissions.

Si la demande prévoit une distribution d'éclairage, le délai imparti aux maires est porté à un mois pour les communes où doit être distribuée la lumière ; les maires de ces communes provoquent l'avis du conseil municipal et le joignent au dossier.

Si la demande vise une ou plusieurs communes où existent déjà des concessions de distribution d'énergie, l'ingénieur en chef invite les concessionnaires antérieurs à fournir leurs observations dans le délai de quinze jours.

L'instruction terminée, l'ingénieur en chef transmet, avec son rapport, un exemplaire du dossier au Préfet de chaque département.

Art. 6. — Dans le cas où il y a accord entre les services intéressés et où, en cas de distribution d'éclairage, aucun Conseil municipal n'a fait d'opposition, le Préfet délivre les permissions qui sont de sa compétence en raison de la nature des voies publiques à emprunter et remet au demandeur les permissions délivrées par les maires pour les chemins vicinaux ordinaires, les chemins ruraux et les voies urbaines, ou les délivre lui-même en vertu des pouvoirs qui lui sont conférés par l'article 98 de la loi municipale du 5 avril 1884 et en avise les maires.

Art. 7. — En cas de désaccord entre les services intéressés ou d'opposition d'un Conseil municipal à une distribution d'éclairage, le dossier est transmis au Ministre des Travaux publics qui, après avis du Ministre de l'Intérieur, renvoie ce dossier au Préfet avec ses instructions.

Art. 8. — Dans tous les cas où la distribution projetée doit emprunter, autrement que par une simple traversée, des voies dépendant de la grande voirie et non affectées à la circulation publique, le Préfet, avant de statuer, transmet le dossier au Ministre des Travaux publics qui, après examen, lui renvoie ce dossier avec ses instructions.

Art. 9. — Lorsque la demande vise plusieurs départements, chaque Préfet transmet le dossier, avec son avis, au Ministre des Travaux publics qui, après examen, lui renvoie ce dossier, en lui faisant connaître dans quelles conditions les permissions de voirie doivent être accordées. S'il y a désaccord entre les services intéressés ou s'il y a opposition d'une commune en cas de distribution d'éclairage, le Ministre des Travaux publics prend, au préalable, l'avis du Ministre de l'Intérieur.

Instruction de la demande et délivrance des permissions pour les distributions qui empruntent exclusivement des chemins vicinaux ordinaires, des chemins ruraux ou des voies urbaines.

Art. 10. — Pour les distributions qui empruntent exclusivement des chemins vicinaux ordinaires, des voies rurales ou des voies urbaines, l'ingénieur en chef adresse le dossier au Maire de chaque commune avec son avis sommaire.

Les Maires des communes où existe déjà une distribution publique concédée invitent le concessionnaire antérieur à fournir ses observations dans un délai maximum de dix jours à l'expiration duquel il est passé outre.

Aussitôt après avoir statué, les maires en avisent l'ingénieur en chef et lui envoient un duplicata des permissions délivrées.

Branchements nouveaux

Art. 11. — Sauf disposition contraire de la permission initiale, tout branchement nouveau doit faire l'objet d'une permission spéciale.

Revision et révocation des permissions de voirie

Art. 12. — Les permissions de voirie autorisant des distributions d'énergie électrique peuvent être revisés sous les conditions ordinaires des arrêtés réglementaires relatifs à ces permissions.

Elles peuvent être révoquées sous les mêmes conditions et, notamment, si le permissionnaire ne se conforme pas, après mise en demeure, aux obligations qui lui sont imposées, soit par sa permission, soit par les lois et règlements. Les permissions sont également révocables si la distribution cesse d'être affectée à la destination qui avait motivé l'autorisation.

CHAPITRE III

CONCESSIONS SIMPLES SANS DÉCLARATION D'UTILITÉ PUBLIQUE

SECTION I

PRÉSENTATION DE LA DEMANDE ET MISE A L'ENQUÊTE

Forme et présentation de la demande

Art. 13. — Toute demande en concession d'une distribution d'énergie électrique est adressée :

Au Ministre des Travaux publics si, conformément à l'article 6 de la loi du 15 juin 1906, la concession est de la compétence de l'Etat et s'étend sur plusieurs départements ;

Au Préfet, si la concession est de la compétence de l'Etat et ne s'étend que sur un département ;

Aux Maires, si la concession est de la compétence d'une commune ou d'un syndicat de communes.

Art. 14. — La demande est accompagnée d'un dossier comprenant :

1° Un extrait de carte à l'échelle de 1/80000° ;

2° Un mémoire descriptif indiquant la destination et l'importance de l'entreprise, les conditions générales et les dispositions principales de la distribution ;

3° Un projet de tarif maximum pour la vente de l'énergie électrique.

Mise à l'enquête

Art. 15. — Si la concession est de la compétence de l'Etat, le Ministre ou le Préfet statue sur la mise à l'enquête après instruction faite par le service du contrôle.

Si la concession est de la compétence d'une commune ou d'un syndicat de communes, le maire ou le président du syndicat, après avis sommaire de l'ingénieur en chef du contrôle, soumet le dossier au conseil municipal ou aux conseils municipaux intéressés, qui décident s'il y a lieu de procéder à l'enquête.

Quand l'enquête a été décidée par l'autorité compétente, il y est procédé dans les conditions déterminées ci-après.

SECTION II

ENQUÊTE, INSTRUCTION ET DÉCISION DANS LE CAS DE CONCESSION A ACCORDER PAR L'ÉTAT

Arrêté d'enquête

Art. 16. — Un arrêté du Préfet de chacun des départements où s'étend la distribution fixe la date de l'ouverture de l'enquête, indique les localités où elle est ouverte, nomme les membres de la commission d'enquête, en désigne le président et fixe le lieu de ses réunions.

Cet arrêté est affiché dans toutes les communes qui doivent être desservies ou traversées par la distribution d'énergie électrique dont la concession est demandée. Il est justifié de cette formalité par un certificat du Maire.

Composition de la commission d'enquête

Art. 17. — Chaque commission d'enquête se compose de trois membres au moins et de sept au plus, choisis parmi les principaux propriétaires d'immeubles, négociants et industriels de la région.

Durée de l'enquête

Art. 18. — Le projet de la concession, ainsi que les registres destinés à recevoir les observations auxquelles peut donner lieu l'entreprise projetée, reste déposé pendant quinze jours à la mairie de chaque commune desservie ou traversée.

Les pièces et extraits de dossier sont fournis par le demandeur en concession et à ses frais, en autant d'exemplaires qu'il y a de communes desservies ou traversées.

Réunion de la commission d'enquête

Art. 19. — A l'expiration du délai de quinze jours ci-dessus fixé, la commission d'enquête se réunit sur la convocation du Préfet. Elle examine les déclarations consignées aux registres de l'enquête, entend toutes personnes qu'elle juge à propos de consulter et donne son avis motivé, tant sur l'utilité de l'entreprise que sur les diverses questions qui ont été posées par l'Administration au cours de l'enquête.

Ces diverses opérations, dont il est dressé procès-verbal, doivent être terminées dans un délai de huit jours.

Aussitôt que le procès-verbal de la commission d'enquête est clos, et, au plus tard, à l'expiration du délai ci-dessus fixé, le président de la commission adresse ce procès-verbal avec les registres et les autres pièces de l'enquête au Préfet, qui transmet immédiatement le dossier à l'ingénieur en chef du contrôle.

Remplacement de la commission d'enquête par un commissaire enquêteur

Art. 20. — Pour les affaires de moindre importance, le Préfet peut désigner, au lieu de la commission d'enquête, un commissaire enquêteur chargé de procéder à l'enquête dans les mêmes formes que la commission.

Avis des conseils municipaux

Art. 21. — En même temps qu'il est procédé à l'enquête, le Préfet invite les conseils municipaux des communes intéressées à délibérer sur l'utilité et la convenance de l'entreprise.

Les procès-verbaux de leurs délibérations doivent être adressés à l'ingénieur en chef du contrôle dans le délai d'un mois à dater de la communication du dossier.

Instruction de la demande

Art. 22. — L'ingénieur en chef du contrôle, sur le vu du dossier de l'enquête, entend les concessionnaires antérieurs, provoque, s'il y a lieu, une conférence entre les services intéressés, invite le demandeur à faire connaître ses observations et propositions, dans le cas où des objections ou conditions auraient été formulées, soit au cours de l'enquête, soit pendant l'instruction et transmet le dossier au Préfet de chaque département, avec son rapport, en y joignant l'adhésion du demandeur, ou ses observations en cas de refus, ainsi que les adhésions des divers services intéressés, ou leurs observations en cas de désaccord.

Délivrance de la concession

Art. 23. — Lorsque la concession projetée ne doit s'étendre que dans un département, et s'il y a accord entre les divers services et communes intéressés, le Préfet signe l'acte de concession au nom de l'Etat.

S'il y a désaccord entre les services ou communes intéressés, le Préfet transmet le dossier avec son avis au Ministre des Travaux publics. Le Ministre, après avoir consulté le Comité d'électricité, renvoie le dossier au Préfet avec ses instructions. Le Préfet notifie la décision au demandeur et signe l'acte de concession.

Lorsque la concession doit s'étendre sur plusieurs départements, chaque Préfet transmet le dossier au Ministre des Travaux publics avec son avis. Le Ministre consulte le Comité d'électricité, en cas de désaccord entre les services ou les communes intéressés. Il prend l'avis du Ministre de l'Intérieur, statue sur les conditions auxquelles la concession peut être accordée, les notifie au demandeur et passe l'acte de concession au nom de l'Etat.

Modifications au cahier des charges-type

Art. 24. — Dans tous les cas où l'acte de concession comporte des modifications ou dérogations au cahier des charges-type arrêté en exécution de l'article 6 de la loi du 15 juin 1906, le dossier est transmis par les soins du Ministre des Travaux publics au Conseil d'Etat, avec les avis du Ministre de l'Intérieur, du Ministre de l'Agriculture et de l'Administration des Postes et Télégraphes. L'approbation de la concession est prononcée par décret, conformément aux dispositions de l'article 7 de la loi.

SECTION III

ENQUÊTE, INSTRUCTION ET DÉCISION DANS LE CAS DE CONCESSION A ACCORDER PAR UNE COMMUNE OU UN SYNDICAT DE COMMUNES

Enquête

Art. 25. — Lorsque la concession doit être donnée par une commune ou un syndicat de communes, il est procédé à l'enquête comme il est indiqué au chapitre précédent, sauf les modifications ci-après.

Le Préfet nomme toujours un commissaire enquêteur, au lieu de la commission d'enquête prévue à l'article 17, et désigne la commune à la mairie de laquelle le commissaire enquêteur entendra les dépositions.

Le délai pendant lequel l'enquête reste ouverte dans les conditions prévues à l'article 18 est réduit à 8 jours.

Le délai imparti au commissaire enquêteur pour effectuer les opérations prévues à l'article 19 est réduit à trois jours.

Aussitôt que le procès-verbal de l'enquête est clos, et au plus tard à l'expiration du délai de trois jours ci-dessus fixé, le commissaire enquêteur adresse le dossier au Préfet, qui le transmet immédiatement à l'ingénieur en chef du contrôle.

Instruction

Art. 26. — L'ingénieur en chef provoque, s'il y a lieu, une conférence entre les services intéressés, entend les concessionnaires antérieurs, puis transmet le dossier, avec ses observations ou propositions, au maire ou au président du syndicat.

Délivrance de la concession

Art. 27. — Si une entente s'établit entre la commune ou le syndicat de communes et le demandeur, et si les conditions de l'entente sont conformes à l'avis des services intéressés, le maire ou le président du syndicat passe l'acte de concession et l'adresse à l'ingénieur en chef du contrôle, qui, après vérification, le soumet à l'approbation du Préfet. Pour les syndicats comprenant des communes situées dans des départements différents, l'acte de concession est soumis à l'approbation du Préfet du département auquel appartient la commune, siège de l'association.

S'il y a désaccord entre les services intéressés ou si une entente s'établit entre la commune ou le syndicat de communes et le demandeur, contrairement à l'avis desdits services, le maire ou le président du syndicat transmet le dossier au Préfet, qui l'adresse au Ministre des Travaux publics. Le Ministre consulte le Comité d'électricité, prend l'avis du Ministre de l'Intérieur et renvoie le dossier au Préfet avec ses instructions. Le Préfet notifie la décision du Ministre au Maire ou au président du syndicat, qui passe l'acte de concession et l'envoie à l'ingénieur en chef du contrôle pour être soumis, après vérification, à l'approbation du Préfet.

Modifications au cahier des charges-type

Art. 28. — Dans tous les cas où l'acte de concession passé par le Maire ou le président du syndicat comporte des modifications ou dérogations au cahier des charges-type, la concession ne devient définitive qu'après avoir été approuvée dans les conditions prévues par l'article 24 ci-dessus.

CHAPITRE IV

CONCESSIONS AVEC DÉCLARATION D'UTILITÉ PUBLIQUE

FORMALITÉS DE L'INSTRUCTION

Présentation de la demande, enquête et instruction

Art. 29. — Les demandes en concession d'une distribution d'énergie électrique avec déclaration d'utilité publique sont présentées, soumises à l'enquête, instruites et l'acte de concession est passé conformément aux prescriptions du chapitre III du présent règlement. Dans tous les cas, le dossier est adressé au Ministre des Travaux publics avec l'acte de concession passé par l'autorité locale compétente ou avec le projet d'acte à passer par le Ministre,

Déclaration d'utilité publique. Approbation de l'acte de concession en Conseil d'Etat

Art. 30. — Le Ministre des Travaux publics, après avoir complété le dossier, s'il y a lieu, par l'acte de concession revêtu de sa signature, le transmet au Conseil d'Etat de concert avec le Ministre de l'Intérieur, et avec les avis du Ministre de l'Agriculture et de l'Administration des Postes et Télégraphes.

La déclaration d'utilité publique est prononcée, et la concession approuvée par décret, conformément aux dispositions de l'article 11 de la loi du 15 juin 1906.

CHAPITRE V

INSTRUCTION ET APPROBATION DES PROJETS DÉFINITIFS. ENQUÊTES POUR L'ÉTABLISSEMENT DES SERVITUDES PRÉVUES PAR L'ARTICLE 12 DE LA LOI DU 15 JUIN 1906

SECTION I

INSTRUCTION ET EXAMEN DES PROJETS

Instruction des projets définitifs

Art. 31. — Aucune installation de distribution ne peut être exécutée sur la voie publique sans que le projet définitif en ait été préalablement soumis à l'examen des services intéressés. Il n'est dérogé à cette règle que dans le cas prévu à l'article 35 ci-après.

Art. 32. — Les projets sont adressés à l'ingénieur en chef du contrôle en cinq exemplaires au moins pour chaque département traversé, et en plus grand nombre si l'ingénieur en chef le requiert pour accélérer l'instruction.

Art. 33. — L'ingénieur en chef transmet des exemplaires du dossier aux divers services intéressés, en vue des conférences prévues à l'article 14 de la loi du 15 juin 1906.

Dans le cas de distributions dont le contrôle est de la compétence des communes, les services de contrôle organisés par les municipalités et leurs services de voirie sont appelés à participer aux conférences et à présenter leurs propositions.

L'ingénieur en chef notifie les propositions des services intéressés à l'entrepreneur de la distribution et provoque ses observations sur les objections et conditions formulées au cours de l'instruction.

Approbation des projets

Art. 34. — S'il y a accord entre les services intéressés et si l'entrepreneur de la distribution a pris par écrit les engagements auxquels serait subordonnée l'exécution des travaux, l'ingénieur en chef autorise cette exécution.

S'il n'y a pas accord entre les services intéressés et le demandeur, l'ingénieur en chef adresse le dossier au Ministre des Travaux publics, qui le soumet au Comité d'électricité.

Si les Ministres intéressés adhèrent à l'avis du Comité, le Ministre des Travaux publics renvoie le dossier à l'ingénieur en chef avec ses instructions. Si les Ministres intéressés n'adhèrent pas tous à l'avis du Comité, il est statué en Conseil des Ministres.

Exécution de lignes secondaires et de branchements

Art. 35. — Les travaux qui se bornent à la création d'une ligne secondaire ou d'un branchement ayant pour unique objet de relier un immeuble à une canalisation existant sur ou sous

Ja voie publique, peuvent être exécutés par les concessionnaires, sans autorisation préalable, à charge par ceux-ci de prévenir huit jours à l'avance le service du contrôle, le service de la voirie et les autres services intéressés, et sous la condition expresse qu'aucune opposition ne soit formulée dans le délai ci-dessus fixé.

Pareille faculté peut être, sous les mêmes conditions, ouverte pour les permissions de voirie, en ce qui concerne les branchements particuliers.

S'il y a opposition motivée, le projet de l'ouvrage doit être soumis à l'examen de l'ingénieur en chef du contrôle et instruit dans les formes prévues ci-dessus.

SECTION II

ENQUÊTE POUR L'ÉTABLISSEMENT DES SERVITUDES PRÉVUES PAR L'ARTICLE 12 DE LA LOI DU 15 JUIN 1906

Enquête relative aux servitudes

Art. 36. — L'enquête pour l'établissement des servitudes d'appui, de passage ou d'ébranchage, prévue à l'article 12 de la loi du 15 juin 1906, a lieu sur un plan parcellaire indiquant toutes les propriétés atteintes par les servitudes, avec les renseignements nécessaires pour faire connaître la nature et l'étendue des sujétions en résultant.

Le plan des propriétés frappées de servitudes, mentionnant les noms des propriétaires tels qu'ils sont inscrits sur les matrices des rôles, reste déposé pendant huit jours à la mairie de la commune où les propriétés sont situées. Avertissement de l'ouverture de l'enquête est donné collectivement aux intéressés, par voie d'affichage à la mairie. Notification directe des travaux projetés est, en outre, donnée par le maire aux intéressés. Le maire certifie les notifications et affiches ; il mentionne, sur un procès-verbal qu'il ouvre à cet effet, les réclamations et déclarations qui lui ont été faites verbalement et y annexe celles qui lui sont adressées par écrit.

A l'expiration du délai de huitaine, un commissaire enquêteur, nommé par le Préfet, reçoit les observations et appelle, s'il le juge convenable, les propriétaires intéressés. Le commissaire signe le procès-verbal d'enquête, y joint son avis motivé et remet immédiatement, avec toutes les pièces de l'instruction, le dossier au Maire, qui le transmet sans délai à l'ingénieur en chef du contrôle.

Si l'exécution des travaux projetés comporte des expropriations, il est procédé à l'enquête pour l'établissement des servitudes en même temps qu'à l'enquête prévue par le titre II de la loi du 3 mai 1841.

Modification éventuelle des projets. Approbation du tracé

Art. 37. — L'ingénieur en chef du contrôle communique au concessionnaire le dossier de l'enquête.

Le concessionnaire peut, s'il le juge utile, modifier le projet, en vue de tenir compte des observations faites à l'enquête.

Si les modifications ainsi apportées au projet frappent de servitude des propriétés nouvelles ou aggravent des servitudes antérieurement prévues, notification directe en est donnée par le maire aux intéressés qui ont un délai de huit jours pour présenter leurs observations.

Le projet, modifié ou non par le concessionnaire, est adressé par l'ingénieur en chef du contrôle au Préfet, qui approuve le tracé et notifie son approbation au concessionnaire.

CHAPITRE VI

CONDITIONS GÉNÉRALES ET D'INTÉRÊT PUBLIC AUXQUELLES DOIVENT SATISFAIRE LES OUVRAGES

Bonne exécution des ouvrages

Art. 38. — Tous les ouvrages établis sur le domaine public sont exécutés en matériaux de bonne qualité, mis en œuvre suivant les règles de l'art.

Les dispositions techniques adoptées pour les ouvrages, ainsi que les conditions de leur exécution, doivent satisfaire aux prescriptions des arrêtés par le Ministre des Travaux publics, en exécution de l'article 19 de la loi du 15 juin 1906.

En cas de désaccord entre le permissionnaire ou concessionnaire et les services intéressés sur l'application de ces arrêtés à des ouvrages antérieurement exécutés, il est statué par le Ministre des Travaux publics après avis du Comité d'électricité.

Lignes télégraphiques ou téléphoniques, et lignes de signaux établies pour la sécurité de l'exploitation

Art. 39. — Les entrepreneurs de distributions d'énergie électrique sont tenus d'établir et d'entretenir à leurs frais les lignes télégraphiques ou téléphoniques ou les lignes de signaux reconnues nécessaires par le service du contrôle pour assurer la sécurité de l'exploitation.

Nul entrepreneur de distribution ne peut faire ou laisser faire usage de ces lignes, ni pour les besoins du service commercial de la distribution, ni pour tous autres motifs étrangers à la sécurité de l'exploitation, s'il n'a obtenu l'autorisation de l'Administration des Postes et des Télégraphes, conformément aux lois et règlements relatifs à l'exercice du monopole des correspondances télégraphiques.

Les projets des lignes télégraphiques ou téléphoniques et des lignes de signaux, établies en vertu du premier paragraphe du présent article, sont soumis à l'approbation de l'Administration locale des Postes et Télégraphes, qui prescrit toutes les dispositions nécessaires pour empêcher qu'aucune atteinte soit portée au monopole de l'Etat. En cas de désaccord, il est statué par le Ministre des Travaux publics, après avis du Comité d'électricité.

Emprunt de supports existants par de nouveaux permissionnaires ou concessionnaires

Art. 40. — Tout permissionnaire ou concessionnaire est tenu, si l'Administration le requiert, de laisser utiliser ses poteaux par d'autres titulaires de permissions ou concessions empruntant la même voie, mais sans qu'il puisse en résulter pour lui aucune gêne dans l'exploitation, ni aucune augmentation de charges.

Le nouvel occupant verse, à titre de droit d'usage, au premier occupant, une indemnité proportionnée aux avantages que lui procure la communauté.

En cas de désaccord sur le principe ou sur les conditions techniques de la communauté, il est statué par le Ministre des Travaux publics, après avis du Comité d'électricité.

CHAPITRE VII

EXÉCUTION ET RÉCEPTION DES TRAVAUX, MISE EN SERVICE

Avis à donner avant le commencement des travaux

Art. 41. — Avant de commencer les travaux d'une distribution, le permissionnaire ou concessionnaire doit en donner avis quatre jours au moins à l'avance au service du contrôle.

Il doit en outre, avant l'ouverture de tout chantier sur la voie publique, en aviser dans le même délai :

1° Les services de voirie intéressés ;

2° Le service des postes et télégraghes, si des lignes télégraphiques et téléphoniques sont intéressées ;

3° Les propriétaires de toutes canalisations touchées par les travaux.

. Le permissionnaire ou concessionnaire est dispensé de se conformer au délai de quatre jours ci-dessus indiqué pour l'ouverture des chantiers sur la voie publique en cas d'accident exigeant une réparation immédiate. Dans ce cas, il peut exécuter sans délai tous travaux nécessaires, à charge d'en aviser en même temps les services intéressés et de justifier l'urgence dans un délai maximum de vingt-quatre heures.

Réception des travaux et mise en exploitation

Art. 42. — Avant la mise en service des ouvrages terminés, il est procédé à leur réception. L'ingénieur en chef du contrôle fixe la date des essais et convoque les représentants des services intéressés.

Si les essais sont satisfaisants, tant au point de vue du fonctionnement de la distribution elle-même qu'à celui de la sécurité et du maintien de la circulation publique et des communications télégraphiques ou téléphoniques, la réception des ouvrages est prononcée.

Sur le vu du procès-verbal de réception, le Préfet, ou l'ingénieur en chef du contrôle délégué à cet effet, délivre l'autorisation de circulation du courant prévue par l'article 15 de la loi du 15 juin 1906.

Les lignes et branchements, établis conformément aux dispositions de l'article 35 ci-dessus, peuvent être mis en service sans essais de réception.

Dessins des ouvrages de la distribution

Art. 43. — Dans le délai de six mois après la mise en service de chaque distribution, le permissionnaire ou concessionnaire est tenu d'en remettre le plan au service du contrôle. Au plan doivent être joints des dessins complets des ouvrages principaux, en plan, coupe et élévation, dressés à l'échelle prescrite par l'Administration et donnant tous les détails et renseignements utiles.

Des coupes détaillées à l'échelle prescrite font connaître les dispositions spéciales adoptées dans les traversées de chaussée et sur tous les points pour lesquels la production de ces documents a été requise par l'ingénieur en chef du contrôle.

Le nombre d'expéditions des plans et dessins à fournir est fixé par l'ingénieur en chef du contrôle ; un exemplaire en est remis, dans tous les cas, à l'ingénieur des Télégraphes.

Revision annuelle des plans et dessins

Art. 44. — Une fois par an au moins, les plans et les dessins des distributions sont revisés et mis au courant par le permissionnaire ou concessionnaire.

Etablissement d'office des plans et dessins

Art. 45. — Faute par le permissionnaire ou concessionnaire de fournir les plans et dessins ou de les tenir à jour, il y est pourvu d'office et à ses frais par les soins du service de contrôle. Il est procédé de la même façon, si les dessins fournis sont reconnus inexacts ou incomplets.

CHAPITRE VIII
POLICE ET SÉCURITÉ DE L'EXPLOITATION
Entretien et exploitation

Art. 46. — Les distributions d'énergie électrique et toutes les installations qui en dépendent doivent être constamment entretenues en bon état.

Les permissionnaires ou concessionnaires sont tenus de prendre toutes les mesures nécessaires pour que l'exécution des travaux et l'exploitation de la distribution n'apportent ni gêne ni trouble aux services publics.

Forme des réquisitions prévues par l'article 17 de la loi

Art. 47. — En cas de troubles apportés aux services publics, les réquisitions, visées à l'article 17 de la loi du 15 juin 1906, sont adressées à l'ingénieur en chef du contrôle, sous forme de lettres recommandées, soit par les ingénieurs des télégraphes, en ce qui concerne l'Administration des Postes et Télégraphes, soit par les représentants des autres services intéressés.

Elles spécifient notamment :

1° La nature des perturbations qu'il s'agit de faire cesser ou de prévenir ;

2° Les conditions dans lesquelles les perturbations ont été constatées, avec indication spéciale des procès-verbaux qui auraient été dressés en exécution du décret-loi du 27 décembre 1851 ou de tout autre acte législatif ;

3° Les mesures qu'il paraît nécessaire de prévoir dans l'intérêt de la sécurité publique ou de la sûreté et de la régularité des communications télégraphiques ou téléphoniques ;

4° S'il y a lieu, l'injonction à adresser au permissionnaire ou au concessionnaire d'avoir à couper le courant par l'application de l'article 48 du présent règlement.

Interruption du courant sur réquisition du service du contrôle et des autres services intéressés

Art. 48. — Le permissionnaire ou concessionnaire est tenu de couper le courant sur l'injonction de l'ingénieur en chef du contrôle, lorsque le mauvais fonctionnement de la distribution est de nature à compromettre la sécurité publique, ou lorsque la coupure est nécessaire pour permettre aux services publics d'effectuer, dans l'intérêt de la sécurité, la visite, la réparation ou la modification de quelque ouvrage dépendant de ces services.

En cas d'accident de personne ou de danger grave, les agents du contrôle assistant l'ingénieur en chef et les fonctionnaires, autorisés par l'article 17 de la loi du 15 juin 1906 à adresser des réquisitions au service du contrôle, peuvent enjoindre, par les voies les plus rapides, au permissionnaire ou concessionnaire de couper le courant. Avis de l'injonction est, dans tous les cas, donné immédiatement à l'ingénieur en chef du contrôle, qui prend d'urgence les mesures nécessaires pour sauvegarder la sécurité, et peut requérir à cet effet le concours des autorités locales.

Postes de secours en cas d'accident

Art. 49. — Aux endroits désignés par le Préfet, le permissionnaire ou concessionnaire entretient les médicaments et moyens de secours nécessaires en cas d'accident et affiche les instructions relatives aux mesures à prendre dans ce cas, conformément aux prescriptions du Ministre des Travaux publics.

Mesures concernant la protection des distributions d'énergie et la liberté de la circulation

Art. 5o. — Il est défendu à toute personne étrangère au service des distributions d'énergie et aux services publics intéressés :

1° De déranger, altérer, modifier ou manœuvrer, sous quelque prétexte que ce soit, les appareils et ouvrages qui dépendent de la distribution ;

2° De rien placer sur les supports, conducteurs et tous autres organes de la distribution, de les toucher ou de rien lancer qui puisse les atteindre ;

3° De pénétrer, sans y être autorisé régulièrement, dans les immeubles dépendant de la distribution et d'y introduire ou laisser introduire des animaux.

Vérifications et instruments de mesure

Art. 51. — Le permissionnaire ou concessionnaire est tenu, toutes les fois qu'il en est requis, d'effectuer devant les agents du contrôle toutes les mesures nécessaires à la vérification des conditions électriques de la distribution ou de mettre à la disposition de ces agents les instruments de mesure nécessaires pour leur permettre d'effectuer eux-mêmes les vérifications qu'ils jugeraient utiles dans l'intérêt de la police ou de la sécurité de l'exploitation.

Dans le cas où des troubles seraient constatés sur des lignes télégraphiques ou téléphoniques, les ingénieurs des télégraphes peuvent exiger que les vérifications soient faites par eux-mêmes ou en leur présence.

Déclaration d'accidents

Art. 52. — Toutes les fois qu'il arrive un accident entraînant mort d'homme ou blessure grave, le permissionnaire ou concessionnaire en fait immédiatement la déclaration, par la voie la plus rapide, à l'agent local du contrôle technique ; cette déclaration est faite soit verbalement, soit par exprès, soit par dépêche télégraphique ou téléphonique, et confirmée par lettre. Avis en est envoyé à l'ingénieur en chef du contrôle et au Procureur de la République par la voie la plus rapide.

Avis doit également être donné à l'ingénieur en chef du contrôle et à l'agent local du contrôle technique des incendies graves ou troubles importants survenus dans le service de la distribution.

CHAPITRE IX

RELATIONS DES ENTREPRISES DE DISTRIBUTION AVEC LA VOIRIE, LES CONCESSIONS DE TRAVAUX PUBLICS ET LES DISTRIBUTIONS VOISINES

Modifications apportées aux distributions dans l'intérêt de la voirie et des riverains

Art. 53. — Le permissionnaire ou concessionnaire doit, toutes les fois qu'il en est requis par l'autorité compétente pour un motif de sécurité publique ou dans l'intérêt de la voirie, opérer à ses frais le déplacement des parties de canalisation qui lui sont désignées. Il ne résulte pour lui, de ce fait, aucun droit à l'indemnité.

Si des modifications sont faites par les riverains aux entrées et accès des immeubles et propriétés en bordure des routes et chemins empruntés, le permissionnaire ou concessionnaire est tenu d'apporter à ses installations les modifications requises par l'Administration.

Traversée de concessions préexistantes par des distributions

Art. 54. — Lorsqu'une distribution d'énergie électrique traverse les ouvrages d'une concession préexistante (chemin de fer, distribution d'énergie, etc.), les mesures nécessaires sont prises pour qu'aucune des deux entreprises n'entrave le bon fonctionnement de l'autre.

Les travaux de modification de toute nature qui seraient à faire dans la concession préexistante, et tous dommages résultant de la traversée sont à la charge du permissionnaire ou concessionnaire de la distribution nouvelle.

En cas d'accord entre les divers services intéressés, les mesures à prendre sont fixées par arrêté préfectoral ; en cas de désaccord, elles le sont par décision du Ministre des Travaux publics, après avis du Comité d'électricité.

Modifications aux distributions nécessitées par des travaux publics

Art. 55. — Dans le cas où l'Etat, les départements ou les communes ordonnent ou concèdent soit la construction de routes nationales, de routes départementales, de chemins vicinaux, de voies ferrées, de canaux, soit l'installation de communications télégraphiques ou téléphoniques ou de distributions d'énergie et, d'une manière générale, l'exécution de travaux publics qui traversent une distribution et obligent à la modifier, le permissionnaire ou concessionnaire ne peut s'opposer à ces travaux.

Le permissionnaire ou le concessionnaire doit apporter à ses propres installations toutes les modifications prescrites par le Ministre des Travaux publics.

Toutes les dispositions nécessaires sont prises pour que les modifications ainsi imposées par l'Administration n'apportent aucun obstacle au service de la distribution d'énergie préexistante.

Recours en cas de dommages aux distributions

Art. 56. — Aucun recours ne peut être exercé contre l'Etat, les départements ou les communes par le permissionnaire ou le concessionnaire d'une distribution :

Soit à raison des dommages que le roulage ordinaire pourrait occasionner aux ouvrages de la distribution, placés sur ou sous le sol des voies publiques ;

Soit à raison de l'état de la chaussée, des acotements, des trottoirs ou des ouvrages, et des conséquences de toute nature qui pourraient en résulter ;

Soit à raison des travaux exécutés sur la voie publique dans l'intérêt de la sécurité publique ou de la voirie ;

Soit à raison des travaux exécutés pour l'entretien des lignes télégraphiques ou téléphoniques.

Le permissionnaire ou concessionnaire conserve son droit de recours contre les tiers.

Dommages occasionnés par les distributions

Art. 57. — Les indemnités pour dommages résultant de l'établissement ou de l'exploitation d'une distribution sont entièrement à la charge du permissionnaire ou du concessionnaire, qui reste responsable de toutes les conséquences dommageables de son entreprise, tant envers l'Etat, les départements et les communes qu'envers les tiers.

CHAPITRE X

DISPOSITIONS DIVERSES

Comptes rendus statistiques annuels

Art. 58. — Tout permissionnaire ou concessionnaire doit adresser à l'ingénieur du contrôle chaque année, le 15 avril au plus tard, des états statistiques, conformes aux modèles qui seront arrêtés par le Ministre des Travaux publics, après avis du Comité d'électricité et comprenant les renseignements techniques relatifs à l'année entière du 1er janvier au 31 décembre. Ces renseignements peuvent être publiés en tout ou en partie.

Forme des conférences entre les services intéressés

Art. 59. — Les conférences, prévues par l'article 14 de la loi du 15 juin 1906, ont lieu à un seul degré. Elles sont ouvertes par l'ingénieur en chef du contrôle, qui établit un exposé de l'objet de la conférence et adresse un exemplaire du dossier au chef de chaque service intéressé pour chaque département et, dans tous les cas, au représentant de l'Administration des Postes et Télégraphes. L'ingénieur en chef provoque en même temps les observations de toute personne dont il juge l'intervention utile pour l'instruction de l'affaire.

Les chefs de services intéressés, après examen, renvoient le dossier à l'ingénieur en chef du contrôle et formulent leurs avis ou observations en ce qui concerne leurs services respectifs.

Sur le vu de ces avis ou observations, l'ingénieur en chef du contrôle formule ses conclusions et clôt le procès-verbal de la conférence.

En cas de désaccord des services intéressés, l'ingénieur en chef du contrôle provoque une conférence effective entre les chefs de service ou leurs délégués. Si l'accord n'intervient pas au cours de cette conférence, le procès-verbal, relatant les avis de tous les services intéressés, est adressé sans délai au Ministre des Travaux publics pour être statué ainsi qu'il appartiendra.

Dispositions transitoires

Art. 60. — Pour toutes distributions au sujet desquelles une instruction est actuellement ouverte, les enquêtes et autres formalités régulièrement accomplies conformément aux règles antérieurement en vigueur, seront considérées comme valables. En cas de contestation, il sera statué par le Ministre des Travaux publics.

Exécution du présent règlement

Art. 61. — Le Ministre de l'Intérieur, le Ministre des Travaux publics, des Postes et des Télégraphes et le Ministre de l'Agriculture sont chargés, chacun en ce qui le concerne, de l'exécution du présent règlement, qui sera publié au *Journal Officiel de la République française* et inséré au *Bulletin des lois*.

ANNEXE N° 4

Arrêté du 21 Mars 1910

Déterminant les conditions techniques auxquelles doivent satisfaire les distributions d'énergie électrique, modifié par celui du 21 Mars 1911 (Art. 25)

CHAPITRE PREMIER

DISPOSITIONS TECHNIQUES GÉNÉRALES APPLICABLES AUX OUVRAGES
DES DISTRIBUTIONS D'ÉNERGIE ÉLECTRIQUE

SECTION I

CLASSEMENT DES DISTRIBUTIONS ET PRESCRIPTIONS GÉNÉRALES RELATIVES A LA SÉCURITÉ

Classement des distributions en deux catégories

Article premier. — Les distributions d'énergie électrique doivent comporter des dispositifs de sécurité en rapport avec la plus grande tension de régime existant entre les conducteurs et la terre.

Suivant cette tension, les distributions d'énergie électrique sont divisées en deux catégories :

1re Catégorie

A. *Courant continu.* — Distributions dans lesquelles la plus grande tension de régime entre les conducteurs et la terre ne dépasse pas 600 volts.

B. *Courant alternatif.* — Distributions dans lesquelles la plus grande tension efficace entre les conducteurs et la terre ne dépasse pas 150 volts.

2e Catégorie

Distributions comportant des tensions respectivement supérieures aux tensions ci-dessus.

Prescriptions générales relatives à la sécurité

Art. 2. — Les dispositions techniques adoptées pour les ouvrages de distribution, ainsi que les conditions de leur exécution, doivent assurer d'une façon générale le maintien de l'écoulement des eaux, de l'accès des maisons et des propriétés, des communications télégraphiques et téléphoniques, de la liberté et la sûreté de la circulation sur les voies publiques empruntées, la protection des paysages, ainsi que la sécurité des services publics, celle du personnel de la distribution et celle des habitants des communes traversées.

SECTION II

CANALISATIONS AÉRIENNES

Supports

Art. 3. — § 1. Les supports en bois doivent être prémunis contre les actions de l'humidité et du sol.

§ 2. Dans le cas où les supports sont munis d'un fil de terre, ce fil est pourvu sur une hauteur minimum de trois mètres, à partir du sol, d'un dispositif le plaçant hors d'atteinte.

§ 3. — Tous les supports sont numérotés.

§ 4. Dans les distributions de deuxième catégorie, les pylônes et poteaux métalliques sont pourvus d'une bonne communication avec le sol.

§ 5. Dans la traversée des voies publiques, les supports doivent être aussi rapprochés que possible.

Isolateurs

Art. 4. — Les isolateurs employés pour les distributions de la deuxième catégorie doivent être essayés dans les conditions ci-après :

Lorsque la tension à laquelle est soumis l'isolateur en service normal est inférieure ou égale à 10.000 volts, la tension d'essai est le triple de la tension en service.

Lorsque la tension de service normal est supérieure à 10.000 volts, la tension d'essai est égale à 30.000 volts, plus deux fois l'excès de la tension de service sur 10.000 volts.

Conducteurs

Art. 5. — § 1. Les conducteurs doivent être placés hors de la portée du public.

§ 2. Le point le plus bas des conducteurs et fils de toute nature doit être :

a) Pour les distributions de la première catégorie, à six mètres au moins le long et à la traversée des voies publiques.

b) Pour les distributions de la deuxième catégorie, à six mètres au moins, le long des voies publiques, et à huit mètres au moins, dans les traversées de ces voies.

Néanmoins, des canalisations aériennes pourront être établies à moins de six mètres de hauteur à la traversée des ouvrages construits au-dessus des voies publiques, à la condition de comporter dans toute la partie, à moins de six mètres de hauteur, un dispositif de protection spécial en vue de sauvegarder la sécurité.

§ 3. Le diamètre de l'âme métallique des conducteurs d'énergie ne peut être inférieur à trois millimètres. Toutefois ce diamètre peut être abaissé à deux millimètres pour les branchements particuliers ou de canalisations d'éclairage public de la première catégorie qui ne croisent pas des lignes télégraphiques ou téléphoniques placées au-dessous.

§ 4. Dans la traversée d'une voie publique, l'angle de la direction des conducteurs et de l'axe de la voie est égal au moins à 30°.

§ 5. Dans la traversée et dans les portées contiguës, il ne doit y avoir sur les conducteurs ni épissures, ni soudures ; les conducteurs sont arrêtés sur les isolateurs des supports de la traversée et sur les isolateurs des supports des portées contiguës. .

§ 6. Dans les distributions de deuxième catégorie, les dispositions suivantes doivent être appliquées : .

a) Les poteaux et pylônes sont munis, à une hauteur d'au moins deux mètres au-dessus du sol, d'un dispositif spécial pour empêcher, autant que possible, le public d'atteindre les conducteurs ;

b) Les mesures nécessaires sont prises pour que dans les traversées et sur les appuis d'angle les conducteurs d'énergie électrique, au cas où ils viendraient à abandonner l'isolateur, soient encore retenus et ne risquent pas de traîner sur le sol ou de créer des contacts dangereux ;

c) Chaque support porte l'inscription « DANGER DE MORT » en gros caractères, suivie des mots: « *Défense absolue de toucher aux fils, même tombés à terre* ».

§ 7. Dans la traversée des agglomérations, les conducteurs sont placés à un mètre au moins des façades et en tout cas hors de la portée des habitants.

Si les conducteurs longent un toit en pente ou s'ils passent au-dessus, ils doivent en être distants de un mètre cinquante centimètres au moins, s'ils sont de la première catégorie, et de deux mètres au moins, s'ils sont de la deuxième catégorie.

Si le toit est en terrasse, les conducteurs doivent en être distants de trois mètres au moins, qu'ils appartiennent à la première ou à la deuxième catégorie.

Résistance mécanique des ouvrages

Art. 6. — § 1. Pour les conducteurs, fils, supports, ferrures, etc., la résistance mécanique des ouvrages est calculée en tenant compte à la fois des charges permanentes que les organes ont à supporter et de la plus défavorable en l'espèce des deux combinaisons de charges accidentelles, résultant des circonstances ci-après :

a) Température moyenne de la région avec vent horizontal de 120 kg. de pression par mètre carré de surface plane, ou 72 kgr. par mètre carré de section longitudinale des pièces à section circulaire ;

b) Température minimum de la région avec vent horizontal de 30 kg. par mètre carré de surface plane, ou de 18 kgr. par mètre carré de section longitudinale des pièces à section circulaire.

Les calculs justificatifs font ressortir le coefficient de sécurité de tous les éléments, c'est-à-dire le rapport entre l'effort correspondant à la charge de rupture et l'effort le plus grand auquel chaque élément peut être soumis.

§ 2. Dans les distributions de la deuxième catégorie, le coefficient de sécurité des ouvrages, dans les parties de la distribution établies longitudinalement sur le sol des voies publiques, doit être au moins égal à trois.

Dans les parties des mêmes distributions établies dans les agglomérations ou traversant les voies publiques, la valeur du coefficient de sécurité est portée au moins à cinq.

Distributions de deuxième catégorie desservant plusieurs agglomérations

Art. 7. — Dans les distributions de deuxième catégorie desservant un certain nombre d'agglomérations distantes les unes des autres, l'entrepreneur de la distribution est tenu d'établir, entre chaque agglomération importante desservie et l'usine de production d'énergie ou le poste le plus voisin, un moyen de communication directe.

L'entrepreneur de la distribution est dispensé de la prescription énoncée ci-dessus s'il a établi, à l'entrée de chaque agglomération importante, un appareil permettant de couper le courant toutes les fois qu'il est nécessaire.

SECTION III

CANALISATIONS SOUTERRAINES

Conditions générales d'établissement des conducteurs souterrains

Art. 8. — § 1. Protection mécanique.

Les conducteurs d'énergie électrique souterrains doivent être protégés mécaniquement contre les avaries que pourraient leur occasionner le tassement des terres, le contact des corps durs ou le choc des outils en cas de fouille.

§ 2. Conducteurs électriques placés dans une conduite métallique.

Dans tous les cas où les conducteurs d'énergie électrique sont placés dans une enveloppe ou conduite métallique, ils sont isolés avec le même soin que s'ils étaient placés directement dans le sol.

§ 3. Protection contre l'introduction des eaux.

Les conduites contenant des câbles sont établies de manière à éviter autant que possible l'introduction des eaux. Des précautions sont prises pour assurer la prompte évacuation des eaux au cas où elles viendraient s'y introduire accidentellement.

Voisinage des conduites de gaz

Art. 9. — Lorsque dans le voisinage de conducteurs d'énergie électrique placés dans une conduite il existe des canalisations de gaz, les mesures nécessaires doivent être prises pour assurer la ventilation régulière de la conduite renfermant les câbles électriques et éviter l'accumulation des gaz.

Regards

Art. 10. — Les regards affectés aux canalisations électriques ne doivent pas renfermer de tuyaux d'eau, de gaz ou d'air comprimé.

Dans le cas de canalisations en conducteurs nus, les regards sont disposés de manière à pouvoir être ventilés.

Les conducteurs d'énergie électrique sont convenablement isolés par rapport aux plaques de fermeture des regards.

SECTION IV

SOUS-STATIONS, POSTES DE TRANSFORMATEURS ET INSTALLATIONS DIVERSES

Prescriptions générales pour l'installation des moteurs et appareils divers

Art. 11. — § 1. Toutes les pièces saillantes mobiles et autres parties dangereuses des machines et notamment les bielles, roues, volants, les courroies et câbles, les engrenages, les cylindres et cônes de friction ou tous autres organes de transmission qui seraient reconnus dangereux sont munis de dispositifs protecteurs, tels que gaines et chéneaux de bois ou de fer, tambours pour les courroies et les bielles, ou de couvre-engrenages, garde-mains, grillages.

Sauf le cas d'arrêt du moteur, le maniement des courroies est toujours fait par le moyen de systèmes tels que monte-courroie, porte-courroie, évitant l'emploi direct de la main.

On doit prendre, autant que possible, des dispositions telles qu'aucun ouvrier ne soit habituellement occupé à un travail quelconque, dans le plan de rotation ou aux abords immédiats d'un volant, ou de tout autre engin pesant et tournant à grande vitesse.

§ 2. La mise en train et l'arrêt des machines sont toujours précédés d'un signal convenu.

§ . Dispositifs de sûreté sont installés dans la mesure du possible pour le nettoyage et le graissage des transmissions et mécanismes en marche.

§ 4. Les monte-charges, ascenseurs, élévateurs sont guidés et disposés de manière que la voie de la cage du monte-charges et des contre-poids soit fermée ; que la fermeture du puits à l'entrée des divers étages ou galeries s'effectue automatiquement ; que rien ne puisse tomber du monte-charges dans le puits.

Pour les monte-charges destinés à transporter le personnel, la charge est calculée au tiers de la charge admise pour le trasport des marchandises, et les monte-charges sont pourvus de freins, chapeaux, parachutes ou autres appareils préservateurs.

Les appareils de levage portent l'indication du maximum de poids qu'ils peuvent sauver.

§ 5. Les puits, trappes et ouvertures sont pourvus de solides barrières ou garde-corps.

§ . Dans les locaux où le sol et les parois sont très conducteurs, soit par construction, soit par suite de dépôts salins ou par suite de l'humidité, on ne doit jamais établir à la portée de la main des conducteurs ou des appareils placés à découvert.

Prescriptions relatives aux moteurs, transformateurs et appareils de la deuxième catégorie

Art. 12 .— § 1. Les locaux non gardés dans lesquels sont installés des transformateurs de deuxième catégorie doivent être fermés à clef.

Des écriteaux très apparents sont apposés partout où il est nécessaire pour prévenir le public du danger d'y pénétrer.

§ 2. Si une machine ou un appareil électrique de la deuxième catégorie se trouve dans un local ayant en même temps une autre destination, la partie du local affectée à cette machine ou à cet appareil est rendue inaccessible, par un garde-corps ou un dispositif équivalent, à toute personne autre que celle qui en a la charge. Une mention indiquant le danger doit être affichée en évidence.

§ 3. Les bâtis et pièces conductrices non parcourus par le courant qui appartiennent à des moteurs et transformateurs de la deuxième catégorie, sont reliés électriquement à la terre ou isolés électriquement du sol. Dans ce dernier cas, les machines sont entourées par un plancher de service non glissant, isolé du sol et assez développé pour qu'il ne soit pas possible de toucher à la fois à la machine et à un corps conducteur quelconque relié au sol.

La mise à la terre ou l'isolement électrique est constamment maintenu en bon état.

§ 4. Les passages ménagés pour l'accès aux machines et appareils de la deuxième catégorie placés à découvert ne peuvent avoir moins de deux mètres de hauteur ; leur largeur, mesurée entre les machines, conducteurs ou appareils eux-mêmes, aussi bien qu'entre ceux-ci et les parties métalliques de la construction, ne doit pas être inférieur à un mètre.

Installation des canalisations à l'intérieur des sous-stations et postes de transformateurs

Art. 13. — § 1. A l'intérieur des sous-stations et postes de transformateurs, les canalisations nues de la deuxième catégorie doivent être établies hors de la portée de la main sur des isolateurs convenablement espacés et être écartées des masses métalliques, telles que piliers ou colonnes, gouttières, tuyaux de descente, etc.

Les canalisations nues de la première catégorie qui sont à portée de la main doivent être signalées à l'attention par une marque bien apparente.

Les enveloppes des autres canalisations doivent être convenablement isolantes.

§ 2. Des dispositions doivent être prises pour éviter l'échauffement anormal des conducteurs, à l'aide de coupe-circuit, fusibles ou autres distributifs équivalents.

§ 3. Toute installation reliée à un réseau comportant des lignes aériennes de plus de cinq cents mètres doit être suffisamment protégée contre les décharges atmosphériques.

Tableaux de distribution

Art. 14. — a) Distributions de la première catégorie :

Sur les tableaux de distribution de courants appartenant à la première catégorie, les conducteurs doivent présenter les isolements et les écartements propres à éviter tout danger.

b) Distributions de la deuxième catégorie :

§ 1. Sur les tableaux de distribution portant sur leur face avant (où se trouvent les poignées de manœuvres et les instruments de lecture) des appareils et pièces métalliques de la deuxième catégorie, le plancher de service doit être isolé électriquement et établi dans les conditions indiquées à l'article 12.

§ 2. Quand des pièces métalliques ou appareils de la deuxième catégorie sont établis à découvert sur la face arrière du tableau, un passage entièrement libre de un mètre de largeur et de deux mètres de hauteur au moins est réservé derrière lesdits appareils et pièces métalliques ; l'accès de ce passage est défendu par une porte fermant à clef, laquelle ne peut être ouverte que par ordre du chef de service ou par ses préposés à ce désignés ; l'entrée en sera interdite à toute autre personne.

§ 3. Tous les conducteurs et appareils de la deuxième catégorie doivent, notamment sur les tableaux de distribution, être nettement différenciés des autres par une marque très apparente (une couche de peinture par exemple).

Locaux des accumulateurs

Art. 15. — Dans les locaux où se trouvent des batteries d'accumulateurs, toutes les précautions sont prises pour éviter l'accumulation de gaz détonants ; la ventilation de ces locaux doit assurer l'évacuation continue des gaz dégagés.

Les lampes à incandescence employées dans ces locaux sont à double enveloppe.

Eclairage de secours

Art. 16. — Les salles des sous-stations doivent posséder un éclairage de secours en état de fonctionner en cas d'arrêt du courant.

*Mises à la terre des colonnes et autres pièces métalliques des sous-stations
et postes de transformateurs*

Art. 17. — Les colonnes, les supports et, en général, toutes les pièces métalliques des sous-stations et postes de transformateurs qui risqueraient d'être soumis à une tension de la deuxième catégorie, doivent être convenablement reliés à la terre.

SECTION V

BRANCHEMENTS PARTICULIERS

Prescriptions générales

Art. 18. — Les branchements particuliers doivent être munis de dispositifs d'interruption auxquels l'entrepreneur de la distribution doit avoir accès en tout temps.

Canalisations aériennes

Art. 19. — Les conducteurs aériens formant branchements particuliers doivent être protégés dans toutes les parties où ils sont à la portée des personnes.

Canalisations souterraines

Art. 20. — Les conducteurs souterrains d'énergie électrique formant branchements particuliers doivent être recouverts d'un isolant protégé mécaniqnement d'une façon suffisante, soit par l'armature du câble conducteur, soit par des conduites en matière résistante et durable.

CHAPITRE II

DISPOSITIONS SPÉCIALES APPLICABLES AUX OUVRAGES DE DISTRIBUTION DANS LA TRAVERSÉE DES COURS D'EAU, DES CANAUX DE NAVIGATION ET DES LIGNES DE CHEMINS DE FER, AINSI QU'AUX OUVRAGES SERVANT A LA TRACTION PAR L'ÉLECTRICITÉ.

Prescriptions générales

Art. 21. — Les prescriptions du chapitre 1er sont applicables aux parties des distributions d'énergie électrique traversant les fleuves, les rivières navigables ou flottables, les canaux de navigation ou les chemins de fer, ainsi qu'aux ouvrages servant à la traction par l'électricité, sous réserve des dispositions spéciales énoncées au présent chapitre.

SECTION I

TRAVERSÉE DES COURS D'EAU ET DES CANAUX DE NAVIGATION PAR DES CANALISATIONS AÉRIENNES

Hauteur des conducteurs

Art. 22. — § 1. A la traversée des cours d'eau navigables et des canaux de navigation, la hauteur minimum des conducteurs au-dessus du plan d'eau est fixée, dans chaque cas, suivant la nature des bateaux fréquentant ces rivières et le mode de navigation.

Cette hauteur ne peut être inférieure à huit mètres au-dessus des plus hautes eaux navigables. Toutefois, dans les bras ou la navigation est impraticable, elle peut être réduite à trois mètres au-dessus des plus hautes eaux.

§ 2. La même hauteur minimum de huit mètres est applicable à la traversée des autres rivières du domaine public, mais elle peut être réduite à la traversée des cours d'eau classés comme flottables, lorsque le flottage n'est pas effectivement pratiqué, sous réserve que cette hauteur ne sera pas inférieure à trois mètres au-dessus des plus hautes eaux.

Coefficient de sécurité de l'installation dans la traversée des cours d'eau et des canaux de navigation

Art. 23. — Le coefficient de sécurité de l'installation dans la traversée des cours d'eau navigables et des canaux de navigation, est au moins égal à cinq et, pour la traversée des autres rivières du domaine public, au moins égal à trois.

Le même coefficient 3 est applicable aux installations faites sur les dépendances des cours d'eau et des canaux qui ne sont pas ouvertes à la circulation publique et en particulier sur les emplacements réservés au halage.

SECTION II
TRAVERSÉE DES LIGNES DE CHEMINS DE FER

Dispositions générales

Art. 24. — § 1. Pour traverser un chemin de fer, toute canalisation électrique doit de préférence emprunter un ouvrage d'art (passage supérieur ou passage inférieur) et, autant que possible, ne pas franchir cet ouvrage en diagonale.

A défaut de pouvoir, en raison de circonstances locales, emprunter un ouvrage d'art, la canalisation doit autant que possible effectuer la traversée en un point de moindre largeur de l'emprise du chemin de fer.

§ 2. La ligne dont fait partie la canalisation traversant le chemin de fer doit pouvoir être coupée du reste de la distribution et isolée de tout générateur possible de courant.

§ 3. Des dispositions spéciales devront être prises, quand il y aura lieu, pour la protection des ouvrages traversés, notamment lorsqu'ils comporteront des parties métalliques.

Canalisations aériennes

Art. 25. — § 1er. Toute canalisation aérienne, qui n'emprunte pas un ouvrage d'art, doit franchir les voies ferrées *autant que possible* d'une seule portée et suivant une direction aussi voisine que possible de la normale à ces voies et en tous cas sous un angle d'au moins 60 degrés, à moins qu'elle ne soit établie le long d'une voie publique traversant la voie ferrée sous un angle moindre. Son point le plus bas doit être situé à 7 mètres au moins de hauteur au-dessus du rail le plus haut ; elle doit être établie à 2 mètres au moins de distance dans le sens vertical du conducteur électrique préexistant le plus voisin.

§ 2. Les supports de la traversée doivent être distants chacun d'au moins 3 mètres du bord extérieur du rail le plus voisin, et placés autant que possible en dehors des lignes de conducteurs électriques existant le long des voies.

§ 3. Les supports de la traversée sont encastrés dans un massif de maçonnerie et constitués de façon assez solide pour pouvoir, en cas de rupture de tous les fils les sollicitant d'un côté, résister à la traction qu'exerceraient sur eux les fils subsistant de l'autre côté, à moins que l'entrepreneur n'ait fait agréer une disposition équivalente au point de vue de la sécurité.

§ 4. En outre des prescriptions indiquées au chapitre 1er, notamment en ce qui concerne les traversées, chaque conducteur est relié, sur chacun de ses supports, à deux isolateurs.

§ 5. A chacun des supports et à 5o centimètres au moins des isolateurs dans la portée de la traversée est fixé un cadre métallique relié à terre que traverse tout le faisceau des conducteurs, afin qu'en cas de rupture d'un ou plusieurs isolateurs ou conducteurs, ce ou ces conducteurs soient mis à terre.

§ 6. Les supports métalliques sont pourvus d'une bonne communication avec le sol.

§ 7. Le coefficient de sécurité de l'installation continuant la traversée, calculée conformément aux indications de l'article 6 ci-dessus, est au moins égal à 5 pour les maçonneries de fondations et pour les organes des supports et à dix pour les conducteurs. Dans l'hypothèse de la rupture de tous les conducteurs placés d'un même côté, le coefficient de sécurité de l'installation doit être au moins égal à 1,25.

§ 8. Dans les distributions de deuxième catégorie :

a) Il n'est pas fait usage de poteaux ou pylônes en bois dans la traversée et les portées immédiatement contiguës.

b) Le diamètre de l'âme métallique des conducteurs d'énergie ne peut être inférieur à 4 millimètres quand la portée de ces conducteurs dans la traversée est au plus de 4o mètres et à 5 millimètres quand cette portée est supérieure à 40 mètres.

Le diamètre pourra, toutefois, être inférieur aux minima ci-dessus indiqués, si la traversée est constituée par des conducteurs doubles, pourvu que le coefficient de sécurité de l'ensemble de ces conducteurs doublés soit au moins égal à celui qu'assurerait l'emploi de conducteurs simples avant les diamètres minima fixés par l'alinéa précédent.

Canalisations souterraines

Art. 26. — § 1. Les canalisations souterraines doivent être en câbles armés des meilleurs modèles connus, comportant une chemise de plomb, sans soudure, et une *armure métallique*.

Les câbles sont noyés dans le sol, non pas seulement à la traversée des voies ferrées, mais encore de part et d'autre et jusqu'à trois mètres au moins au-delà des lignes électriques existant le long des voies.

§ 2. Les câbles sont placés dans des conduites d'au moins six centimètres de diamètre extérieur, prolongées de part et d'autre des deux rails extérieurs des voies, de telle façon que l'on puisse, sans opérer aucune fouille sous les voies et le ballast, poser et retirer lesdits câbles.

Sur le reste de leur parcours, dans l'emprise du chemin de fer, les câbles peuvent être placés à nu dans le sol, mais à une profondeur de soixante-dix centimètres au moins en contrebas de la plate-forme des terrassements.

§ 3. Les câbles armés employés dans la traversée ne peuvent être mis en place qu'après que les essais à l'usine démontrent que *leur isolant résiste à la rupture à l'action d'un courant alternatif, sous une différence de potentiel au moins double de la tension prévue en service.*

SECTION III

PRESCRIPTIONS RELATIVES A L'ÉTABLISSEMENT DES OUVRAGES SERVANT A LA TRACTION PAR L'ÉLECTRICITÉ

Tension des distributions pour traction

Art. 27. — Les dispositions de l'article 3, §§ 4, de l'article 5, §§ 2 *b*, 4 et 6, de l'art. 25 et des deux premiers alinéas du § 3 de l'article 31 ne visent pas les conducteurs de prise de courant, ni leurs supports, ni les autres lignes placées sur ces supports ou en dehors de la voie publique ou inaccessibles au public, si la tension entre ces conducteurs et la terre ne dépasse pas 1.000 volts.

Voie

Art. 28. — Quand les rails de roulement sont employés comme conducteurs, toutes les mesures nécessaires sont prises pour protéger contre l'action nuisible des courants dérivés les masses métalliques telles que les voies ferrées du chemin de fer, les conduites d'eau et de gaz, les lignes télégraphiques ou téléphoniques, toutes autres lignes électriques, etc.

A cet effet, seront notamment appliquées les prescriptions suivantes :

§ 1. La conductance de la voie est assurée dans les meilleures conditions possibles, notamment en ce qui concerne les joints dont la résistance ne doit pas dépasser pour chacun d'eux celle de dix mètres de rail normal.

L'exploitant est tenu de vérifier périodiquement cette conductance et de consigner les résultats obtenus sur un registre qui doit être présenté à toute réquisition du service du contrôle.

§ 2. La perte de charge dans les voies, mesurée sur une longueur de voie de un kilomètre prise arbitrairement sur une section quelconque du réseau, ne doit pas dépasser en moyenne un volt pendant la durée effective de la marche normale des voitures.

§ 3. Les artères, reliées à la voie, sont isolées.

§ 4. Aux points où la voie de roulement comporte des aiguillages ou des coupures, la conductance est assurée par des dispositions spéciales.

§ 5. Lorsque la voie passe sur un ouvrage métallique, elle est autant que possible isolée électriquement dans la traversée de l'ouvrage.

§ 6. Aussi longtemps qu'il n'existe pas de masses métalliques dans le voisinage des voies, une perte de charge supérieure aux limites fixées au paragraphe 2 peut être admise, à la condition qu'il n'en résulte aucun inconvénient et en particulier aucun trouble dans les communications télégraphiques ou téléphoniques, ni dans les lignes de signaux de chemins de fer.

§ 7. L'entrepreneur de la distribution est tenu de faire les installations nécessaires pour permettre au service du contrôle de vérifier l'application des prescriptions du présent article ; il doit notamment disposer, s'il y a nécessité, des fils pilotes entre les points désignés de la distribution.

Protection des lignes aériennes voisines

Art. 29. — A tous les points où les lignes assurant le service de traction croisent d'autres lignes de distribution ou des lignes télégraphiques ou téléphoniques, les dispositifs doivent être établis en vue de protéger mécaniquement ces lignes contre les contacts avec les conducteurs aériens servant à la traction.

Des dispositions sont prises pour qu'en aucun cas l'appareil de prise de courant ne puisse atteindre les lignes voisines.

Fils transversaux servant à la suspension des conducteurs de prise de courant

Art. 3o. — Les fils transversaux servant à la suspension des conducteurs de prise de courant sont isolés avec soin de ces conducteurs et de la terre. Partout où il est nécessaire, ces fils sont munis de dispositifs d'arrêt destinés à retenir les fils télégraphiques, téléphoniques ou de signaux qui viendraient à tomber et à glisser jusqu'au conducteur de prise de courant.

CHAPITRE III

PROTECTION DES LIGNES TÉLÉGRAPHIQUES, TÉLÉPHONIQUES OU DE SIGNAUX

Voisinage des lignes télégraphiques, téléphoniques ou de signaux
et des canalisations aériennes

Art. 31. — § 1. En aucun cas, la distance entre les conducteurs d'énergie électrique et les fils télégraphiques, téléphoniques ou de signaux ne doit être inférieure à un mètre.

§ 2. Lorsque des conducteurs d'énergie électrique parcourus par des courants de la deuxième catégorie suivent parallèlement une ligne télégraphique, téléphonique ou de signaux, la distance minimum à établir entre ces lignes doit être augmentée de manière qu'en aucun cas il ne puisse y avoir de contact accidentel.

Cette distance ne peut être inférieure à deux mètres, excepté si les conducteurs sont fixés sur toute leur longueur, auquel cas la distance peut être réduite à un mètre, comme pour toutes autres lignes.

§ 3. Aux points de croisement, les conducteurs d'énergie sont autant que possible placés au-dessus des fils télégraphiques, téléphoniques ou de signaux.

Si les conducteurs d'énergie sont au-dessus des fils télégraphiques, téléphoniques ou de signaux, il est fait application des dispositions de l'article 3, § 5 et de l'article 5, §§ 5 et 6 *b*.

Si les conducteurs d'énergie sont au-dessous des fils télégraphiques, téléphoniques ou de signaux, et s'ils sont parcourus par des courants de deuxième catégorie, un dispositif de garde efficace, *pourvu d'une bonne communication avec le sol*, est solidement établi entre les deux sortes de conducteurs.

Une disposition analogue peut, en cas de nécessité, être imposée pour les conducteurs de première catégorie.

Dans les deux cas qui précèdent, les lignes télégraphiques, téléphoniques ou de signaux sont dûment consolidées.

Lorsque les dispositions prévues au présent paragraphe ne peuvent être appliquées, les lignes préexistantes doivent être modifiées.

§ 4. Au voisinage des ouvrages de distribution il pourra être établi, s'il est jugé nécessaire, des coupe-circuits spéciaux sur les fils télégraphiques, téléphoniques ou de signaux intéressés.

Voisinage des lignes télégraphiques, téléphoniques ou de signaux
et des canalisations souterraines

Art. 32. — § 1. Lorsque des conducteurs souterrains d'énergie électrique suivent une direction commune avec une ligne télégraphique, téléphonique ou de signaux souterraine et que les deux canalisations sont établies en tranchée, une distance minimum de un mètre doit exister entre les conducteurs et la ligne télégraphique, téléphonique ou de signaux, à moins qu'ils ne soient séparés par une cloison.

§ 2. Lorsque des conducteurs souterrains croisent une ligne télégraphique, téléphonique ou de signaux, ils doivent être placés à une distance minimum de cinquante centimètres des lignes télégraphiques, téléphoniques ou de signaux, à moins qu'ils ne présentent, en ces points, au point de vue de la sécurité publique, de l'induction et des dérivations, des garanties équivalentes à celles des câbles concentriques ou cordés à enveloppe de plomb et armés.

Lignes téléphoniques, télégraphiques ou de signaux affectées à l'exploitation
des distributions de deuxième catégorie

Art. 33. — Les lignes téléphoniques, télégraphiques ou de signaux qui sont montées, en tout ou en partie de leur longueur, sur les mêmes supports qu'une ligne électrique de la deuxième catégorie, sont assimilées, pour les conditions de leur établissement, aux lignes électriques de cette même catégorie. En conséquence, elles sont soumises aux prescriptions applicables à ces lignes.

Les lignes téléphoniques, télégraphiques ou de signaux sont toujours placées au-dessous des conducteurs d'énergie électrique.

En outre, leurs postes de communication, leurs appareils de manœuvre ou d'appel sont disposés de telle manière qu'il ne soit possible de les utiliser ou de les manœuvrer qu'en se trouvant dans les meilleures conditions d'isolement par rapport à la terre, à moins que leurs appareils ne soient disposés de manière à assurer l'isolement de l'opérateur par rapport à la ligne.

CHAPITRE IV

ENTRETIEN DES OUVRAGES — EXPLOITATION DES DISTRIBUTIONS

Précautions à prendre dans les travaux d'entretien des lignes

Art. 34. — Ligne de la première catégorie :

Aucun travail ne peut être entrepris sur des conducteurs de la première catégorie en charge ou sur des conducteurs placés sur les mêmes supports que des conducteurs de deuxième catégorie sans que des précautions suffisantes assurent la sécurité de l'opérateur.

Lignes de la deuxième catégorie :

§ 1. Il est formellement interdit de faire exécuter sur les lignes de la deuxième catégorie aucun travail sans qu'elles aient été, au préalable, isolées de tout générateur possible de courant.

§ 2. La communication ne peut être rétablie que lorsqu'il y a certitude que les ouvriers ne travaillent plus sur la ligne.

A cet effet, l'ordre de rétablissement du courant ne peut être donné que par le chef de service ou son délégué, et seulement après qu'il se sera assuré que le travail est terminé et que tout le personnel de l'équipe est réuni en un point de ralliement fixé à l'avance.

Pendant toute la durée du travail, toutes dispositions utiles doivent être prises pour que le courant ne puisse être rétabli sans ordre exprès du chef de service ou de son délégué.

§ 3. Les mesures indiquées aux deux paragraphes précédents peuvent être remplacées par l'emploi de dispositifs spéciaux permettant, soit au chef d'équipe, en cas de travail par équipe, de protéger lui-même l'équipe, soit aux ouvriers isolés de se protéger eux-mêmes par des appareils de coupure pendant toute la durée du travail.

4. Dans les cas exceptionnels où il est nécessaire qu'un travail soit entrepris sur des lignes en charge de la deuxième catégorie, il ne doit y être procédé que sur l'ordre exprès du chef de service et avec toutes les précautions de sécurité qu'il indiquera.

Elagage des plantations

Art. 35. — § 1. Sur les voies publiques empruntées par une distribution d'énergie électrique, l'élagage des arbres plantés en bordure de ces voies publiques, soit sur le sol de ces voies, soit sur les propriétés particulières, doit être effectué aussi souvent que la sécurité de la distribution l'exige.

S'il en est requis par le service du contrôle, l'entrepreneur de la distribution est tenu de procéder à cet élagage, en se conformant aux instructions du service de voirie.

§ 2. Il est interdit de faire exécuter les élagages, ou des travaux analogues pouvant mettre directement ou indirectement le personnel en contact avec des conducteurs électriques ou pièces métalliques de la seconde catégorie, sans avoir pris des précautions suffisantes pour assurer la sécurité du public et du personnel par des mesures efficaces d'isolement.

Affichage des prescriptions relatives à la sécurité dans les distributions de deuxième catégorie

Art. 36. — Voir décret 11 juillet 1907 (annexe n° 5) article 13 et suivants.

ANNEXE N° 5

Décret du 11 juillet 1907, *sur la protection des travailleurs dans les établissements qui mettent en œuvre des courants électriques, modifié par le décret du 1ᵉʳ octobre 1913*

SECTION I

PRESCRIPTIONS GÉNÉRALES

Art. 1ᵉʳ. — Les installations électriques doivent comporter des dispositifs de sécurité en rapport avec la plus grande tension de régime existant entre les conducteurs et la terre.

Suivant cette tension, les installations électriques sont classées en deux catégories.

1ʳᵉ catégorie

A. *Courant continu.* — Installations dans lesquelles la plus grande tension de régime entre les conducteurs et la terre ne dépasse pas 600 volts.

B. *Courant alternatif.* — Installations dans lesquelles la plus grande tension efficace entre les conducteurs et la terre ne dépasse pas 150 volts.

2· catégorie

Installations comportant des tensions respectivement supérieures aux tensions ci-dessus.

SECTION II

INSTALLATIONS DE MACHINES, APPAREILS ET LAMPES ÉLECTRIQUES

Art. 2. — Les machines électriques sont soumises, en outre des prescriptions générales du décret du 10 juillet 1913, et notamment de celles des articles 12, 14 et 15 de ce décret, aux prescriptions spéciales suivantes :

Pour celles qui appartiennent à des installations de la 2ᵉ catégorie, les bâtis et pièces conductrices non parcourues par le courant doivent être reliés électriquement à la terre, ou isolés électriquement du sol. Dans ce dernier cas, les machines sont entourées par un plancher de service non glissant, isolé du sol et assez développé pour qu'il ne soit pas possible de toucher à la fois à la machine et à un corps conducteur quelconque relié au sol.

La mise à la terre ou l'isolement électrique est constamment maintenu en bon état.

Les mêmes prescriptions sont applicables aux transformateurs dépendant d'installations de la 2ᵉ catégorie. Les transformateurs dépendant d'installations de la 2ᵉ catégorie ne doivent être accessibles qu'au personnel qui en a la charge.

Art. 3. — Si une machine ou un appareil électrique de la 2ᵉ catégorie se trouve dans un local ayant, en même temps, une autre destination, la partie du local affectée à cette machine ou à cet appareil est rendue inaccessible par un garde-corps ou un dispositif équivalent à tout autre personnel que celui qui en a la charge ; une mention indiquant le danger doit être affiché en évidence.

Art. 4. — Dans les locaux destinés aux accumulateurs, dans les ateliers qui contiennent des corps explosifs et dans ceux où il peut se produire soit des gaz détonants, soit des poussières inflammables, il est interdit d'établir des machines électriques à découvert, des lampes à incandescence non munies de double enveloppe, des lampes à arc ou aucun appareil pouvant donner lieu à des étincelles, sans qu'ils soient pourvus d'une enveloppe de sûreté les isolant de l'atmosphère du local.

La ventilation des locaux destinés aux accumulateurs doit être suffisante pour assurer l'évacuation continue des gaz dégagés.

SECTION III

TABLEAUX DE DISTRIBUTION ET LOCAUX

Art. 5. — Pour les tableaux de distribution de courants appartenant à la 1ʳᵉ catégorie, les conducteurs doivent présenter les isolements et les écartements propres à éviter tout danger.

Pour les tableaux de distribution portant des appareils et pièces métalliques de la 2ᵉ catégorie, le plancher de service, sur la face avant (où se trouvent les poignées de manœuvres et les instruments de lecture), doit être isolé électriquement et établi comme il est dit ci-dessus au sujet des machines.

Quand des pièces métalliques ou appareils de la 2ᵉ catégorie sont établis à découvert sur la face arrière du tableau, un passage entièrement libre de 1 mètre de largeur et de 2 mètres de hauteur au moins est réservé derrière lesdits appareils et pièces métalliques ; l'accès de ce passage est défendu par une porte fermant à clef, laquelle ne peut être ouverte que par ordre du chef de service ou par ses préposés à ce désignés ; l'entrée en sera interdite à toute autre personne.

Art. 6. — Les passages ménagés pour l'accès aux machines et appareils de la 2ᵉ catégorie placés à découvert ne peuvent avoir moins de 2 mètres de hauteur ; leur largeur mesurée entre les machines, conducteurs ou appareils eux-mêmes aussi bien qu'entre ceux-ci et les parties métalliques de la construction, ne doit pas être inférieure à 1 mètre.

Dans tous les locaux, les conducteurs et appareils de la 2ᵉ catégorie doivent, notamment sur les tableaux de distribution, être nettement différenciés des autres par une marque très apparente (une couche de peinture par exemple).

Dans les locaux où le sol et les parois sont très conducteurs, soit par suite de dépôts salins résultant de l'exercice même de l'industrie ou par suite d'humidité, il est interdit d'établir, à la portée de la main, des conducteurs ou des appareils placés à découvert.

Art. 7. — Les salles de machines génératrices d'électricité et les sous-stations doivent posséder un éclairage de secours continuant à fonctionner en cas d'arrêt du courant.

SECTION IV

INSTALLATION DES CANALISATIONS

Art. 8. — Les canalisations nues appartenant à une installation de la deuxième catégorie doivent être établies hors de la portée de la main sur des isolateurs convenablement espacés et être écartées des masses métalliques telles que piliers ou colonnes, gouttières, tuyaux de descente, etc.

Les canalisations nues appartenant à une installation de la première catégorie établies à l'intérieur, et qui sont à portée de la main, doivent être signalées à l'attention par une marque bien apparente ; l'abord en est défendu par un dispositif de garde.

Les enveloppes des autres canalisations doivent être convenablement isolantes.

Aucun travail n'est entrepris sur des conducteurs de la première catégorie en charge sans que des précautions suffisantes assurent la sécurité de l'opérateur.

Des dispositions doivent être prises pour éviter l'échauffement anormal des conducteurs, à l'aide de coupe-circuit, plombs fusibles ou autres dispositifs équivalents.

Toute installation reliée à un réseau comportant des lignes aériennes de plus de 500 mètres doit être suffisamment protégée contre les décharges atmosphériques.

Art. 9. — Les colonnes, les supports et, en général, toutes les pièces métalliques de la construction qui risqueraient, par suite d'un accident sur la canalisation, d'être accidentellement soumis à une tension de la deuxième catégorie doivent être convenablement reliés à la terre.

Art. 10. — Il est formellent interdit de faire exécuter aucun travail sur les lignes électriques de la deuxième catégorie sans les avoir, au préalable, coupées de part et d'autre de la section à réparer. La communication ne peut être rétablie que sur l'ordre exprès du chef de service ; ce dernier doit avoir été au préalable avisé par chacun des chefs d'équipes que le travail est terminé et que le personnel ouvrier est réuni au point de ralliement fixé à l'avance.

Pendant toute la durée du travail, la coupure de la ligne doit être maintenue par un dispositif tel que le courant ne puisse être rétabli que sur l'ordre exprès du chef de service.

Dans les cas exceptionnels où la sécurité publique exige qu'un travail soit entrepris sur des lignes en charge de la deuxième catégorie, il ne doit y être procédé que sur l'ordre exprès du chef de service et avec toutes les précautions de sécurité qu'il indiquera.

Art. 11. — Il est interdit de faire exécuter des élagages ou des travaux analogues pouvant mettre directement ou indirectement le personnel en contact avec des conducteurs ou pièces métalliques de la deuxième catégorie, sans avoir pris des précautions suffisantes pour assurer la sécurité du personnel par des mesures efficaces d'isolement.

Art. 12. — Les lignes téléphoniques, télégraphiques ou de signaux particulières aux établissements ayant des installations électriques et affectées à leur exploitation, qui sont montées, en tout ou en partie de leur longueur, sur les mêmes supports qu'une ligne électrique de la deuxième catégorie, sont soumises aux prescriptions de l'article 8, §§ 1 et 6, et à celles des articles 10 et 11.

Leurs postes de communication, leurs appareils de manœuvres ou d'appel doivent être disposés de telle manière qu'il ne soit possible de les utiliser ou de les manœuvrer qu'en se trouvant dans les meilleures conditions d'isolement par rapport à la terre, à moins que leurs appareils ne soient disposés de manière à assurer l'isolement de l'opérateur par rapport à la ligne.

SECTION V

AFFICHAGE — DÉROGATION — CONTROLE

Art. 13. — Les chefs d'industrie, directeurs ou gérants sont tenus d'afficher dans un endroit apparent des salles contenant des installations de la 2ᵉ catégorie :

1° Un ordre de service indiquant qu'il est dangereux et formellement interdit de toucher aux pièces métalliques ou conducteurs soumis à une tension de la 2ᵉ catégorie, même avec des gants en caoutchouc, ou de se livrer à des travaux sur ces pièces ou conducteurs, même avec des outils à manche isolant ;

2° Des extraits du présent règlement et une instruction sur les premiers soins à donner aux victimes des accidents électriques rédigés conformément aux termes qui seront fixés par un arrêté ministériel.

Ils *(les chefs d'industrie, directeurs ou gérants)* sont en outre tenus, dans chacune des salles contenant des installations de la 2ᵉ catégorie, de placer et de tenir prêts à servir pour parer aux accidents électriques, des crochets à manches isolants et un tabouret de bois verni terminés par des pieds de porcelaine ou de verre.

Art. 14. — Dans les ateliers de construction ou de réparation de matériel électrique (machines, instruments, appareils, câbles et fils), où l'emploi des tensions de la 2ᵉ catégorie est d'un usage courant pour les essais du matériel en cours de fabrication, il peut être dérogé, pour ces essais, aux prescriptions du présent décret, à la condition que les organes dangereux ne soient accessibles qu'à un personnel expérimenté, désigné expressément par le chef d'établissement et que la sécurité générale ne soit pas compromise.

Une consigne spéciale réglementant ces essais·doit être rédigée par le chef d'établissement et portée à la connaissance du personnel.

Art. 15. — Le ministre du Travail et de la Prévoyance sociale peut, par arrêté pris sur le rapport des inspecteurs du travail et après avis du comité consultatif des Arts et Manufactures, accorder dispense, pour uu délai déterminé, de tout ou partie des prescriptions des articles 5, paragraphe 3, et 6, paragraphe 1ᵉʳ :

1° Aux installations créées avant la promulgation du présent décret ;

2° Lorsque l'application de ces prescriptions est pratiquement impossible.

Dans les deux cas, la sécurité du personnel doit être assurée dans des conditions équivalentes à celles définies auxdits articles.

Art. 16. — Les chefs d'industrie, directeurs ou gérants doivent adresser à l'inspecteur du travail un schéma de leurs installations électriques de la 2ᵉ catégorie indiquant : l'emplacement des usines, sous-stations, postes de transformateurs et canalisations.

Une note jointe indiquera :

a) Si par application de l'article 2, paragraphe 2, du présent règlement concernant les machines et transformateurs de la 2ᵉ catégorie, les bâtis et masses métalliques non parcourues par le courant, sont isolés électriquement du sol ou s'ils sont reliés à la terre.

b) Les renseignements techniques nécessaires pour assurer le contrôle de l'exécution des prescriptions du présent règlement (nature du courant, tensions des différentes parties de l'installation, pièces métalliques visées à l'article 9, etc.)

Dans la première quinzaine de chaque année, le schéma et les renseignements qui l'accompagnent sont complétés s'il y a lieu par les chefs d'industrie, directeurs ou gérants et les modifications transmises à l'inspecteur du travail.

En cas de modifications importantes ou d'installations nouvelles, le schéma et les renseignements complémentaires sont adressés à l'inspecteur du travail avant la mise en exploitation.

SECTION VI

DISPOSITIONS DIVERSES

Art. 17. — Le présent décret ne s'applique pas, en dehors de l'enceinte des usines de production, aux distributions d'énergie électrique réglementées en vertu de la loi du 15 juin 1906.

Art. 18. *(Nouveau texte)*. — Le délai minimum prévu à l'article 69 du livre II du code du travail et de la prévoyance sociale pour l'exécution des mises en demeure est fixé :

A quinze jours pour les mises en demeure fondées sur les dispositions des articles ci-après du présent décret : article 2 (alinéas 2 et 4) ; article 5 (alinéas 1 et 2) ; article 6 (alinéas 1 et 3) ; article 8 (alinéas 1, 3 et 6) ;

A quatre jours pour les mises en demeure fondées sur les dispositions des autres articles ; toutefois, ce minimum de délai sera porté à un mois lorsque l'exécution de la mise en demeure comportera la création d'installations nouvelles et non pas seulement l'utilisation d'installations existantes.

Sont maintenus, à titre transitoire, les délais applicables aux mises en demeure notifiées aux chefs d'établissement avant la publication du présent décret.

ANNEXE N° 6

Instruction de la Direction Générale de l'Enregistrement du 15 février, 1908 sur le recouvrement des redevances [1]

Recouvrement des redevances. — Les relevés seront transmis, comme titres de recouvrement, aux receveurs compétents. Ceux-ci ouvriront, aussitôt après réception et pour chaque entreprise, sur le sommier des droits constatés n° 2, un article présentant une liquidation détaillée de la fraction de redevance exigible pour le trimestre auquel le relevé se rapporte.

« Mais ils s'abstiendront de poursuivre le recouvrement immédiat des articles trimestriels ainsi consignés. L'article 4 (4e alinéa) du décret dispose, en effet, dans le but d'éviter de multiples déplacements, que les redevances sont *calculées* par trimestre et PERÇUES ANNUELLEMENT.

« En conséquence, c'est seulement après la réception des relevés du trimestre d'octobre, que les receveurs réclameront les redevances afférentes à chacun des trimestres de l'année écoulée et, s'il y a lieu, les compléments de droits de bail à o fr. 20 o/o. » (Instr. 3036).

Bureau compétent. — Le paiement des redevances pour concessions temporaires du Domaine public doit, en principe, être effectué au bureau dans la circonscription duquel est situé l'immeuble occupé.

« Cette règle ne sera pas suivie en matière de distribution d'énergie électrique.

« Afin de simplifier les écritures et aussi pour faciliter la libération des entrepreneurs, l'Administration a décidé que les redevances prévues par le décret du 17 octobre 1907 seront payables, savoir : au bureau des Domaines du chef-lieu du département, lorsque l'entreprise a son siège dans le ressort de ce bureau ou dans un autre département, et au bureau du siège de l'entreprise, dans les autres cas.

« En outre, le receveur du bureau dans la circonscription duquel se trouve le siège social de l'entreprise pourra encaisser pour le compte de son collègue les redevances dues par cette entreprise au bureau des Domaines du chef-lieu d'un autre département. Dans ce cas, l'avertissement envoyé par le receveur de ce dernier bureau devra être représenté au receveur qui sera appelé

---

[1] Voir au Chapitre VII, Redevances, le texte du décret du 7 septembre 1912 qui a modifié le décret du 17 octobre 1907.

à effectuer la recette par virement de la redevance mentionnée dans cet avertissement. » *(Circ. Comptabilité publique du 15 mai 1907, paragraphe 3, 3ᵉ alinéa ; Circ. du 10 juin 1907).*

« Il est à peine besoin d'ajouter que, nonobstant les mesures ainsi adoptées, si des poursuites devenaient nécessaires, la compétence du président du tribunal chargé de viser la contrainte qui doit être décernée par le directeur *(L. 19 août-12 septembre 1791, art. 4)* et celle du tribunal lui-même continueront à être déterminées par la situation de la portion du domaine public occupé. »

ANNEXE N° 7

Cahier des charges-type pour la concession d'une distribution publique d'énergie électrique par une commune ou un syndicat de communes

CHAPITRE PREMIER

OBJET DE LA CONCESSION

ART. PREMIER

Service concédé

La présente concession a pour objet la distribution de l'énergie électrique dans la commune de ...

ART. 2

Droit d'utiliser les voies publiques

La concession confère au concessionnaire le droit d'établir et d'entretenir, dans le périmètre de sa concession, soit au-dessus, soit au-dessous des voies publiques et de leurs dépendances, tous ouvrages et canalisations destinés à la distribution de l'énergie électrique en se conformant aux conditions du présent cahier des charges, aux règlements de voirie et aux décrets ou arrêtés intervenus en exécution de la loi du 15 juin 1906.

Le concessionnaire ne pourra réclamer aucune indemnité pour le déplacement ou la modification des ouvrages établis par lui sur les voies publiques, lorsque ces changements seront requis par l'autorité compétente pour un motif de sécurité publique ou dans l'intérêt de la voirie.

Privilège pour l'éclairage. — Pendant la durée de la concession, le concessionnaire aura seul le droit d'utiliser, dans les limites de sa concession, les voies publiques dépendant de la commune en vue de pourvoir à l'éclairage privé par une distribution publique d'énergie, sans que cependant ce privilège puisse s'étendre à l'emploi de l'énergie à tous autres usages que l'éclairage, ni à son emploi accessoire pour l'éclairage des locaux dans lesquels l'énergie est ainsi utilisée.

Le privilège résultant de l'alinéa qui précède ne s'applique pas aux entreprises de transport en commun employant, pour l'éclairage des voies et des locaux qui en dépendent, la source d'énergie servant à la traction, ni aux établissements ou services ci après énumérés.

. . . .

Art. 3

Utilisation accessoire des ouvrages et canalisations

Le concessionnaire est autorisé à faire usage des ouvrages et canalisations établis en vertu de la présente concession pour desservir les entreprises de transport en commun, *les établissements ou services énumérés à l'article 1er ci-dessus* et d'une manière générale toutes entreprises situées hors de la commune, à la condition expresse qu'il n'en résulte aucune entrave au bon fonctionnement de la distribution et que toutes les obligations du cahier des charges soient remplies.

CHAPITRE II

TRAVAUX

Art. 4

Approbation des projets

Les projets de tous les ouvrages dépendant de la concession devront être approuvés dans les formes prévues par la loi du 15 juin 1906 et par le décret du 3 avril 1908.

Art. 5

Ouvrages à établir pour la distribution

Le concessionnaire sera tenu d'établir à ses frais les canalisations, sous-stations, postes de transformateurs, etc., nécessaires à la distribution.

Le réseau sera alimenté au moyen d'un ou plusieurs postes centraux situés sur le territoire de la commune, qui feront partie intégrante de la concession.

Les ouvrages destinés à la production de l'énergie et à son transport jusqu'à chacun des postes centraux ne seront pas soumis aux dispositions du présent cahier des charges et devront être établis, s'il y a lieu, en vertu de permissions ou de concessions distinctes, données en conformité de la loi du 15 juin 1906.

Toutefois, le concessionnaire sera tenu de construire et de maintenir en bon état de service une (ou plusieurs) usine génératrice d'une puissance totale d'au moins ... kilowatts. Cette (ou ces) usine ainsi que les ouvrages la (ou les) reliant au réseau de distribution feront partie de la concession.

Ouvrages et canalisations préexistants. — La commune donne en location au concessionnaire, qui accepte, l'ensemble des immeubles, canalisations, ouvrages, matériel et appareils constituant les installations de la distribution préexistante, suivant inventaire annexé au présent cahier des charges.

La présente location est consentie pour la durée de la concession, mais elle cesserait de plein droit en cas de rachat ou de déchéance.

Le concessionnaire payera, pour l'usage des ouvrages de la distribution qui lui sont donnés à bail par la commune, un loyer annuel de ...

Art. 6

Délais d'exécution

Les projets des ouvrages et des lignes désignées sur le plan annexé au présent cahier des charges devront être présentés par le concessionnaire dans le délai de ... mois à partir de l'approbation définitive de la concession.

Les travaux seront commencés dans le délai de ... mois à dater de l'approbation des projets et poursuivis sans interruption de manière à être achevés dans le délai de ... mois.

Les autres lignes seront exécutées, lorsqu'elles seront réclamées dans les conditions prévues à l'article 14 ci-après ; elles pourront l'être plus tôt, si le concessionnaire le juge utile.

Art. 7

Propriété des installations

Le concessionnaire sera tenu d'acquérir les machines et l'outillage nécessaires à l'exploitation.

Il pourra, à son choix, soit acquérir les terrains et établir à ses frais les constructions affectées au service de la distribution, soit les prendre en location.

Toutefois, il sera tenu d'acquérir en toute propriété et de construire les ...

Pour l'établissement des ouvrages, la commune s'engage à mettre à la disposition du concessionnaire moyennant ...

Les baux ou contrats relatifs à toutes les locations d'immeubles seront communiqués au maire ; ils devront comporter une clause réservant expressément à la commune la faculté de se substituer au concessionnaire en cas de rachat ou de déchéance. Il en sera de même pour tous les contrats de fourniture d'énergie, si le concessionnaire achète le courant.

Art. 8

Nature et mode de production du courant (1)

. . . .

. . . .

Usines génératrices . . . .

. . . .

Sous-stations et postes de transformateurs . . . .

---

(1) Indiquer la nature du courant distribué, le mode de production de ce courant et, s'il y a lieu, la nature du courant primaire.

Lorsque l'acte de concession prévoit la construction d'usines génératrices faisant partie intégrante de la concession, l'art. 8 détermine les conditions d'établissement de ces usines.

L'article 8 détermine également, s'il y a lieu, les conditions d'établissement de sous-stations et postes de transformateurs.

Les dispositions concernant la nature et le mode de production du courant sont à fixer de gré à gré, et à établir d'accord entre l'entrepreneur de distribution et la commune.

Art. 9

Tension de distribution

La tension du courant distribué aux abonnés est fixée à ... volts. La tolérance maximum pour la variation de la tension est de ... pour 100 en plus ou en moins pour l'éclairage, et de ... pour 100 en plus ou en moins pour tous autres usages.

Fréquence. — — La fréquence du courant distribué est fixée à ... périodes par secondes ; elle ne doit pas varier de plus de ... p. 100 en plus ou en moins de sa valeur normale.

Art. 10

Canalisations

Les canalisations souterraines seront placées directement dans le sol ; *toutefois, elles pourront, sur la demande du concessionnaire, être placées dans des galeries accessibles et elles devront l'être lorsque les services de voirie l'exigeront. Sauf aux traversées des chaussées, elles seront toujours sous les trottoirs.*

A la traversée des chaussées fondées sur béton et des voies de tramways, les dispositions nécessaires seront prises pour que le remplacement des canalisations soit possible sans ouverture de tranchée.

Les canalisations aériennes ...

Branchements particuliers ...

CHAPITRE III

TARIFS ET CONDITIONS DU SERVICE

Art. 11

Tarif maximum

Les prix auxquels le concessionnaire est autorisé à vendre l'énergie électrique ne peuvent dépasser les maxima suivants :

Vente au compteur

Pour l'élairage, le kilowatt-heure . . . .

Pour tous autres usages, le kilowatt-heure . . . .

. . . .

Vente à forfait

Pour l'éclairage, le kilowatt-an . . . .

Pour tous autres usages, le kilowatt-an . . . .

. . . .

Abaissements de tarifs

Si le concessionnaire abaisse pour certains abonnés les prix de vente de l'énergie pour l'éclairage électrique, avec ou sans conditions, au-dessous des limites fixées par le tarif maximum prévu ci-dessus, il sera tenu de faire bénéficier des mêmes réductions tous les abonnés placés dans les mêmes conditions de puissance, d'horaire, d'utilisation, de consommation et de durée d'abonnement.

A cet effet, il devra établir et tenir constamment à jour un relevé de tous les abaissements consentis, avec mention des conditions auxquelles ils sont subordonnés. Un exemplaire de ce relevé sera déposé dans chacun des bureaux où peuvent être contractés des abonnements et tenu constamment à la disposition du public et des agents du contrôle.

ART. 12

Tarifs applicables aux services publics

Les services publics de l'Etat et des départements bénéficieront d'une réduction de ... o/o sur le tarif maximum prévu à l'article ci-dessus.

Les établissements publics et les associations agricoles organisées par l'administration en vertu des lois du 16 septembre 1807, du 14 floréal an XI et du 8 avril 1898 ou autorisées en conformité des lois des 21 juin 1865-22 décembre 1888 bénéficieront d'une réduction de ... o/o.

L'énergie nécessaire pour les besoins de la commune sera fournie, aux prix et dans les conditions ci-après :

Eclairage des voies publiques . . . .

Eclairage des bâtiments municipaux . . . .

Tous autres usages . . . .

La commune s'engage à prendre . . . .

Sous réserve de cet engagement, elle reste libre d'adopter tous autres systèmes d'éclairage ou de se procurer par tout autre procédé l'énergie nécessaire à ses services.

ART. 13

Obligations de consentir des abonnements sur tout le parcours de la distribution

Sur tout le parcours de la distribution, le concessionnaire sera tenu dans le délai d'un mois à partir de la demande qui lui en aura été faite, de fournir l'énergie électrique dans les conditions prévues au présent cahier des charges à toute personne qui demandera à contracter un abonnement pour une durée d'au moins ... Lorsque la puissance demandée excédera ... kilowatts, le concessionnaire pourra exiger que le demandeur lui garantisse pendant ... années une recette brute annuelle de ... francs par kilowatt demandé.

Si le service du nouvel abonné exige des travaux complémentaires sur le réseau, le délai d'un mois prévu pour la fourniture du courant sera prolongé du temps nécessaire à l'exécution de ces travaux.

En aucun cas, le concessionnaire ne pourra être astreint à dépasser la puissance maximum de ... kilowatts pour l'ensemble de la distribution.

Si les demandes viennent à dépasser la puissance disponible, elles seront desservies dans l'ordre de leur inscription sur un registre spécial tenu à cet effet.

Si, dans le délai d'un an après constatation de l'insuffisance de la puissance disponible, le concessionnaire ne s'est pas mis en mesure de fournir tout le courant qui lui est demandé, la clause relative au privilège d'éclairage sera abrogée de plein droit.

Art. 14

Obligations d'étendre le réseau

Le concessionnaire sera tenu d'installer toute ligne pour laquelle un ou plusieurs des propriétaires des immeubles à desservir lui garantiront, pendant cinq ans, une recette brute annuelle de ... francs par mètre courant de canalisation aérienne ou une recette brute annuelle de ... francs par mètre courant de canalisation souterraine, la longueur à établir étant comptée à partir du réseau déjà existant, sans y comprendre la longueur des branchements qui desserviront chaque immeuble.

Les projets de la ligne réclamée devront être présentés par le concessionnaire dans le délai d'un mois à partir de la demande qui lui en aura été faite. La ligne devra être achevée et mise en service dans le délai de ... mois à dater de l'approbation des projets si sa longueur est inférieure à ... mètres, et dans le délai de ... mois, si sa longueur est supérieure.

Le concessionnaire sera dispensé de l'obligation d'étendre le réseau si les demandes d'abonnement dépassent la puissance disponible sur le maximum prévu à l'article 13 ci-dessus.

Art. 15

Branchements et colonnes montantes

Les branchements sur les canalisations établies sur ou sous les voies publiques, ayant pour objet d'amener le courant du réseau à l'intérieur des immeubles desservis jusques et y compris soit la boîte du coupe-circuit principal, soit le poste de transformateur, seront installés et entretenus par le concessionnaire et feront partie intégrante de la distribution. Les frais d'installation des branchements seront remboursés au concessionnaire par les propriétaires ou abonnés, conformément au tarif ci-après.

. . . .

Les propriétaires ou abonnés qui garantiront une consommation d'au moins ... kilowatts-heure par an pendant ... années seront dispensés du remboursement des frais d'installation des branchements à condition d'y substituer le paiement d'un loyer mensuel, conformément au tarif ci-après :

. . . .

Lorsque le loyer aura été payé pendant la période mentionnée ci-dessus, les frais d'installation du branchement seront considérés comme amortis et les abonnés desservis au moyen de ce branchement en jouiront gratuitement.

Les frais d'installation des branchements resteront entièrement à la charge du concessionnaire, si les propriétaires ou abonnés garantissent une consommation d'au moins ... kilowatts-heure par an, pendant ... années.

Les branchements intérieurs, les colonnes montantes et toutes dérivations seront établies et entretenues par les soins et aux frais des propriétaires des immeubles.

Toutefois, si les propriétaires le requièrent, le concessionnaire sera tenu d'exécuter et d'entretenir lui-même ces installations, moyennant une rémunération calculée conformément au tarif ci-après.

. . . .

Les tarifs prévus au présent article seront revisables à toute époque par une délibération du conseil municipal, acceptée par le concessionnaire et approuvée par le préfet.

Art. 16

Compteurs

Les compteurs servant à mesurer les quantités d'énergie livrée aux abonnés par le concessionnaire seront d'un des types approuvés par le ministre des Travaux publics, après avis du comité d'électricité institué conformément à la loi du 15 juin 1906. Pour chaque type, le ministre déterminera la valeur des écarts dans la limite desquels les compteurs seront considérés comme exacts.

Les compteurs seront posés, plombés et entretenus par le concessionnaire.

L'abonné aura la faculté de les fournir lui-même ou de demander au concessionnaire de les fournir en location.

Si le compteur appartient à l'abonné, le concessionnaire percevra, à titre de frais de pose, une somme de ... et, à titre de frais d'entretien, une somme mensuelle de ...

Si le compteur est fourni par le concessionnaire, celui-ci percevra, à titre de frais de pose, une somme de ... et, à titre de frais de location et d'entretien, une somme mensuelle de ...

Art. 17

Vérification des compteurs

Le concessionnaire pourra procéder à la vérification des compteurs aussi souvent qu'il le jugera utile, sans que cette vérification donne lieu à son profit à aucune allocation en sus des frais d'entretien mentionnés à l'article précédent.

L'abonné aura toujours le droit de demander la vérification du compteur, soit par le concessionnaire, soit par un expert désigné d'un commun accord ou, à défaut d'accord, désigné par l'ingénieur en chef du contrôle des distributions d'énergie électrique. Les frais de la vérification seront à la charge de l'abonné, si le compteur est reconnu exact ou si le défaut d'exactitude est à son profit ; ils seront à la charge du concessionnaire si le défaut d'exactitude est au détriment de l'abonné.

Art. 18

Police d'abonnement

Les contrats pour la fourniture de l'énergie électrique seront établis sous la forme de polices d'abonnement, conformes aux modèles arrêtés d'accord entre le concessionnaire et le maire autorisé à cet effet par le conseil municipal. Il ne pourra être dérogé aux dispositions contenues dans ces modèles que par une convention spéciale entre le concessionnaire et l'abonné, soumise aux conditions stipulées dans les deux derniers alinéas de l'article 11 ci-dessus.

Dans le cas où il y aurait lieu, au cours de la concession, d'apporter des modifications aux modèles de police, à défaut d'accord entre la municipalité et le concessionnaire, il sera statué par le ministre des Travaux publics, après avis du Comité d'électricité.

Avances sur consommation. — *L'abonné sera tenu, sur la demande du concessionnaire, de lui verser, à titre d'avance sur consommation, une somme qui ne pourra être supérieure à … par hectowatt de puissance du compteur.*

Cette avance ne sera pas productive d'intérêt et sera remboursable à l'expiration de l'abonnement.

Art. 19

Surveillance des installations intérieures

Le courant ne sera livré aux abonnés que s'ils se conforment, pour leurs installations intérieures, aux mesures qui leur seront imposées par le concessionnaire, avec l'approbation de l'ingénieur en chef du contrôle, en vue soit d'empêcher les troubles dans l'exploitation, notamment les défauts d'isolement et la mise en marche ou l'arrêt brusque des moteurs électriques, soit d'empêcher l'usage illicite du courant, soit d'éviter une déperdition exagérée d'énergie dans les branchements et colonnes montantes avant les compteurs.

Le concessionnaire sera autorisé, à cet effet, à vérifier, à toute époque, l'installation intérieure de chaque abonné.

Si l'installation est reconnue défectueuse, le concessionnaire pourra se refuser à continuer la fourniture du courant. En cas de désaccord sur les mesures à prendre en vue de faire disparaître toute cause de danger ou de trouble dans le fonctionnement général de la distribution, il sera statué par l'ingénieur en chef du contrôle, sauf recours au ministre des Travaux publics, qui décidera après avis du Comité d'électricité.

En aucun cas, le concessionnaire n'encourra de responsabilités à raison des défectuosités des installations qui ne seront pas de son fait.

Art. 20

Conditions particulières du service

. . . .

Les contractants peuvent insérer ici des dispositions variées et multiples. Bien qu'une grande partie des conditions de service trouvent leur place dans la police d'abonnement, il est bon de déterminer dans le cahier des charges les stipulations essentielles.

CHAPITRE IV

DURÉE DE LA CONCESSION, RACHAT ET DÉCHÉANCE

Art. 21

Durée de la concession

La durée de la présente concession est fixée à … années ; elle commencera à courir de la date de son approbation définitive.

ART. 22

Reprise des installations en fin de concession

A l'époque fixée pour l'expiration de la concession, la commune aura, moyennant un préavis de deux ans, la faculté de se subroger aux droits du concessionnaire et de prendre possession de tous les immeubles et ouvrages de la distribution et de ses dépendances.

Si la commune use de cette faculté, les usines, sous-stations et postes transformateurs, le matériel électrique et mécanique ainsi que les canalisations et branchements faisant partie de la concession, lui seront remis gratuitement et il ne sera attribué d'indemnité au concessionnaire que pour la portion du coût de ces installations qui sera considérée comme n'étant pas amortie. Cette indemnité sera égale aux dépenses dûment justifiées, supportées par le concessionnaire pour l'établissement de ceux des ouvrages ci-dessus énumérés subsistant en fin de concession qui auront été régulièrement exécutés pendant les n dernières années de la concession, sauf déduction pour chaque ouvrage de $1/n$ de sa valeur pour chaque année écoulée depuis son achèvement. L'indemnité sera payée au concessionnaire dans les six mois qui suivront l'expiration de la concession.

En ce qui concerne le mobilier et les approvisionnements, la commune se réserve le droit de les reprendre en totalité ou pour telle partie qu'elle jugera convenable, mais sans pouvoir y être contrainte. La valeur des objets repris sera fixée à l'amiable ou à dire d'experts, et payée au concessionnaire dans les six mois qui suivront leur remise à la commune.

Si la commune ne prend pas possession de la distribution, le concessionnaire sera tenu d'enlever à ses frais et sans indemnité toutes celles de ses installations qui se trouvent sur ou sous les voies publiques ; il pourra toutefois abandonner sans indemnité les canalisations souterraines, à condition qu'elles n'apportent aucune gêne aux services publics.

Dans tous les cas, la commune aura la faculté, sans qu'il en résulte un droit pour le concessionnaire, de prendre pendant les six derniers mois de la concession toutes mesures utiles pour assurer la continuité de la distribution de l'énergie en fin de concession, en réduisant au minimum la gêne qui en résultera pour le concessionnaire. Elle pourra notamment, si les sous-stations et postes de transformateurs n'appartiennent pas en propre au concessionnaire ou s'il ne produit pas le courant dans des usines faisant partie de la concession, desservir directement les abonnés par des sous-stations ou postes de transformateurs nouveaux, en percevant à son profit le prix de vente de l'énergie, et, d'une manière générale, prendre toutes les mesures nécessaires pour effectuer le passage progressif de la concession ancienne à une concession ou à une entreprise nouvelle.

ART. 23

Rachat de la concession

A toute époque, la commune aura le droit de racheter la concession entière, moyennant un préavis de deux ans.

En cas de rachat, le concessionnaire recevra pour toute indemnité :

1° Pendant chacune des années restant à courir jusqu'à l'expiration de la concession, une annuité égale au produit net moyen des sept années d'exploitation précédant celle où le rachat sera effectué, déduction faite des deux plus mauvaises.

Le produit net de chaque année sera calculé en retranchant des recettes toutes les dépenses dûment justifiées, faites pour l'exploitatiou de la distribution, y compris l'entretien et le renouvellement des ouvrages et du matériel, mais non compris les charges du capital ni l'amortissement des dépenses de premier établissement.

Dans aucun cas le montant de l'annuité ne sera inférieur au produit net de la dernière des sept années prises pour terme de comparaison.

2° Une somme égale aux dépenses dûment justifiées, supportées par le concessionnaire pour l'établissement de ceux des ouvrages de la concession, subsistant au moment du rachat, qui auront été régulièrement exécutés pendant les n années précédant le rachat, sauf déduction pour chaque ouvrage de $1/n$ de sa valeur pour chaque année écoulée depuis son achèvement.

La commune sera en outre tenue de se substituer au concessionnaire pour l'exécution des engagements pris par lui en vue d'assurer la marche normale de l'exploitation et de reprendre les approvisionnements en magasin ou en cours de transport ainsi que le mobilier de la distribution ; la valeur ees objets repris sera fixée à l'amiable ou à dire d'expert et sera payée au concessionnaire dans les six mois qui suivront leur remise à la commune.

Si le rachat a lieu avant l'expiration des vingt premières années de la concession, le concesnaire pourra demander que l'indemnité, au lieu d'être calculée comme il est dit ci-dessus, soit égale aux dépenses réelles de premier établissement, y compris les frais de constitution de la société dans la limite d'un maximum de ... francs et les insuffisances qui se seraient produites depuis l'origine de la concession, si celle-ci remonte à moins de sept ans, et pendant les sept premières années de sa durée, si elle remonte à plus de sept ans. Ces insuffisances seront calculées pour chaque année, en prenant la différence entre la recette brute et les charges énumérées ci-après : 1° frais d'exploitation ; 2° intérêts et amortissement des emprunts contractés pour l'établissement de la distribution ; 3° intérêt à 5 o/o des sommes fournies par le concessionnaire au moyen de ses propres ressources ou de son capital-actions.

Art. 24

Remise des ouvrages

En cas de rachat, ou en cas de reprise à l'expiration de la concession, le concessionnaire sera tenu de remettre à la commune tous les ouvrages et le matériel de la distribution en bon état d'entretien.

La commune pourra retenir, s'il y a lieu, sur les indemnités dues au concessionnaire, les sommes nécessaires pour remettre en bon état toutes les installations.

Lorsque la commune usera de la faculté, à elle réservée, de reprendre les installations en fin de concession, elle pourra, avec l'approbation du préfet, se faire remettre les revenus de la distribution dans les deux dernières années qui précéderont le terme de la concession et les employer à rétablir en bon état les installations, si le concessionnaire ne se met pas en mesure de satisfaire

*pleinement et entièrement à cette obligation et si le montant de l'indemnité à prévoir en raison de
la reprise de la distribution par la commune, joint au cautionnement, n'est pas jugé suffisant pour
couvrir les dépenses des travaux reconnus nécessaires.*

ART. 25

Déchéance et mise en régie provisoire

Si le concessionnaire n'a pas présenté les projets d'exécution, ou s'il n'a pas achevé et mis
en service les lignes de distribution dans les délais et conditions fixés par le cahier des charges,
il encourra la déchéance qui sera prononcée, après mise en demeure, par le ministre des Travaux
publics sauf recours au Conseil d'Etat par la voie contentieuse.

Si la sécurité publique vient à être compromise, le maire, après avis de l'ingénieur en chef du
contrôle, prendra aux frais et risques du concessionnaire les mesures provisoires nécessaires
pour prévenir tout danger. Il soumettra au préfet les mesures qu'il aura prises à cet effet. Le
préfet prescrira, s'il y a lieu, les modifications à apporter à ces mesures, et adressera au concessionnaire une mise en demeure fixant le délai à lui imparti pour assurer à l'avenir la sécurité de
l'exploitation.

Si l'exploitation vient à être interrompue en partie ou en totalité, il y sera également pourvu
aux frais et risques du concessionnaire. Le maire soumettra immédiatement au préfet les mesures qu'il comptera prendre pour assurer provisoirement le service de la distribution. Le préfet
statuera sur ces propositions et adressera une mise en demeure fixant un délai au concessionnaire pour reprendre le service.

Si, à l'expiration du délai imparti, dans les cas prévus aux deux alinéas qui précèdent, il
n'a pas été satisfait à la mise en demeure, le ministre des Travaux publics pourra prononcer la
déchéance.

La déchéance pourra également être prononcée si le concessionnaire, après mise en demeure,
ne reconstitue pas le cautionnement prévu à l'article 31 ci-après, dans le cas où des prélèvements auraient été effectués sur ce cautionnement en conformité des dispositions du cahier
des charges.

La déchéance ne pourra être prononcée par le ministre des Travaux publics dans les conditions prévues au présent article que sur avis conforme du conseil municipal. Elle ne serait pas
encourue dans le cas où le concessionnaire n'aurait pu remplir ses obligations par suite de circonstances de force majeure dûment constatées.

ART. 26

Procédure en cas de déchéance

Dans le cas de déchéance, il sera pourvu tant à la continuation et à l'achèvement des travaux
qu'à l'exécution des autres engagements du concessionnaire au moyen d'une adjudication qui
sera ouverte sur une mise à prix des projets, des terrains acquis, des ouvrages exécutés, du
matériel et des approvisionnements.

Cette mise à prix sera fixée par le Ministre des Travaux publics sur la proposition du préfet, après avis du conseil municipal, le concessionnaire entendu.

Nul ne sera admis à concourir à l'adjudication s'il n'a, au préalable, été agréé par le préfet, sur la proposition du conseil municipal, et s'il n'a fait, soit à la Caisse des dépôts et consignations, soit à la Trésorerie générale du département, un dépôt de garantie égal au montant du cautionnement prévu par le présent cahier des charges.

L'adjudication aura lieu suivant les formes indiquées aux articles 11, 12, 13, 15 et 16 de l'ordonnance royale du 10 mai 1829.

L'adjudicataire sera soumis aux clauses du présent cahier des charges et substitué aux droits et charges du concessionnaire évincé, qui recevra le prix de l'adjudication.

Si l'adjudication ouverte n'amène aucun résultat, une seconde adjudication sera tentée sans mise à prix après un délai de trois mois. Si cette seconde tentative reste également sans résultat, le concessionnaire sera définitivement déchu de tous droits ; les ouvrages et le matériel de la distribution ainsi que les approvisionnements deviendront sans indemnité la propriété de la commune.

CHAPITRE V

CLAUSES DIVERSES

Art. 27

Redevances

Les redevances pour l'occupation du domaine public communal sont fixées . . . .

. . . .

. . . .

Le tarif des redevances dues à la commune ne pourra pas être revisé pendant la durée de la concession.

Art. 28

Etats statistiques et contrôle des recettes

Le concessionnaire sera tenu de remettre chaque année au maire et à l'ingénieur en chef du contrôle un compte rendu statistique de son exploitation.

Ce compte rendu sera établi conformément au modèle arrêté par le Ministre des travaux publics après avis du comité d'électricité et pourra être publié en tout ou en partie.

Dans le courant du premier trimestre de chaque année le concessionnaire devra en outre adresser au maire et à l'ingénieur en chef du contrôle l'état des recettes réalisées dans la commune pendant l'année précédente.

La commune aura le droit de contrôler ces états ; à cet effet, ses agents dûment accrédités pourront se faire présenter toutes pièces de comptabilité nécessaires pour leur vérification (1).

___

(1) Les deux derniers alinéas sont applicables toutes les fois que les redevances sont calculées d'après les recettes brutes ou que le cahier des charges prévoit un privilège d'éclairage ; ils peuvent être supprimés dans les autres cas.

Art. 29

Impôts et droits d'octroi

Tous les impôts établis ou à établir par l'Etat, le département ou la commune, y compris les impôts relatifs aux immeubles de la distribution, seront à la charge du concessionnaire.

Dans le cas où des droits d'octroi nouveaux viendraient à frapper les objets de consommation employés pour assurer le fonctionnement de la distribution concédée, le concessionnaire aurait le droit de réclamer à la commune le versement d'une somme équivalente, à titre de subvention.

Art. 30

Pénalités

Faute par le concessionnaire de remplir les obligations qui lui sont imposées par le présent cahier des charges, des amendes pourront lui être infligées, sans préjudice, s'il y a lieu, de dommages et intérêts envers les tiers intéressés. Les amendes seront prononcées au profit de la commune par le maire, après avis de l'ingénieur en chef du contrôle.

Les amendes seront prononcées dans les conditions suivantes :

En cas d'interruption générale non justifiée du courant, amende de ... par heure d'interruption.

En cas de manquement aux obligations imposées par les articles 6, 9, 13, 14 et 28 du présent cahier des charges, et par chaque infraction, amende de ... par jour, jusqu'à ce que l'infraction ait cessé.

Art. 31

Cautionnement

Avant la signature de l'acte de concession, le concessionnaire déposera, soit à la Caisse des dépôts et consignations, soit à la Trésorerie générale du département, une somme de ... en numéraires ou en rentes sur l'Etat, en obligations garanties par l'Etat ou en bons du Trésor, dans les conditions prévues par les lois et règlements pour les cautionnements en matière de travaux publics.

La somme ainsi versée formera le cautionnement de l'entreprise.

Sur le cautionnement seront prélevés le montant des amendes stipulées à l'article 30, ainsi que les dépenses faites en raison des mesures prises aux frais du concessionnaire pour assurer la sécurité publique ou la reprise de l'exploitation en cas de suspension, conformément aux prescriptions du présent cahier des charges.

Toutes les fois qu'une somme quelconque aura été prélevée sur le cautionnement, le concessionnaire devra le compléter à nouveau dans un délai de quinze jours, à dater de la mise en demeure qui lui sera adressée à cet effet.

La moitié du cautionnement sera restituée au concessionnaire après achèvement du réseau principal de distribution prévu à l'article 6 ci-dessus ; l'autre moitié lui sera restituée en fin de concession. Toutefois, en cas de déchéance, la partie non restituée du cautionnement restera définitivement acquise à la commune.

Art. 32

Agents du concessionnaire

Les agents et gardes que le concessionnaire aura fait assermenter pour la surveillance et la police de la distribution et de ses dépendances seront porteurs d'un signe distinctif et seront munis d'un titre constatant leur fonction.

Art. 33

Objet de la concession

Toute cession partielle ou totale de la concession, tout changement de concessionnaire ne pourront avoir lieu, à peine de déchéance, qu'en vertu d'une autorisation résultant d'une délibération du conseil municipal approuvée par le préfet.

Art. 34

Jugement des contestations

Les contestations qui s'élèveraient entre le concessionnaire et l'administration, au sujet de l'exécution et de l'interprétation des clauses du présent cahier des charges, seront jugées par le conseil de préfecture du département d..., sauf recours au conseil d'Etat.

Art. 35

Election de domicile

Le concessionnaire devra faire élection de domicile à ... Dans le cas où il ne l'aurait pas fait, toute notification ou notification à lui adressée sera valable lorsqu'elle sera faite au secrétariat de la mairie de ...

Art. 35

Frais d'enregistrement

Les frais de timbre et d'enregistrement du présent cahier des charges et des conventions annexées seront supportés par le concessionnaire.

ANNEXE N° 8

CAHIER DES CHARGES-TYPE
pour la concession d'une distribution publique d'énergie électrique par l'Etat
Décret du 20 août 1908 *(J. O.,* 25 août 1908)

CHAPITRE PREMIER

OBJET DE LA CONCESSION

Service concédé

Art. 1er. — La présente concession a pour objet la distribution publique de l'énergie électrique dans les communes d............., département d.......... pour..........

La concession ne comprend pas la fourniture de l'énergie électrique pour force motrice aux entreprises de transport en commun *et aux établissements ou services ci-après énumérés.....*

Ces entreprises ou *établissements* peuvent toutefois être desservis par le concessionnaire dans les conditions prévues à l'article 3 ci-après.

Droit d'utiliser les voies publiques

Art. 2. — La concession confère au concessionnaire le droit d'établir et d'entretenir, dans le périmètre de sa concession, soit au-dessus, soit au-dessous des voies publiques et de leurs dépendances, tous ouvrages ou canalisations destinés à la distribution de l'énergie électrique, en se conformant aux conditions du présent cahier des charges, aux règlements de voirie et aux arrêtés intervenus en exécution de la loi du 15 juin 1906.

Le concessionnaire ne pourra réclamer aucune indemnité pour le déplacement ou la modification des ouvrages établis par lui sur les voies publiques, lorsque ces changements seront requis par l'autorité compétente pour un motif de sécurité publique ou dans l'intérêt de la voirie.

Utilisation accessoire des ouvrages et canalisations

Art. 3. — Le concessionnaire est autorisé à faire usage des ouvrages et canalisations établis en vertu de la présente concession pour desservir les entreprises de transport en commun, *les établissements ou services énumérés à l'article 1er ci-dessus* et d'une manière générale toutes entreprises situées hors de la concession, à la condition expresse qu'il n'en résulte aucune entrave au bon fonctionnement de la distribution et que toutes les obligations du cahier des charges soient remplies.

CHAPITRE II

TRAVAUX

Approbation des projets

Art. 4. — Les projets de tous les ouvrages dépendant de la concession devront être approuvés dans les formes prévues par la loi du 15 juin 1906 et par le décret du 3 avril 1908.

Ouvrages à établir pour la distribution

Art. 5. — Le concessionnaire sera tenu d'établir à ses frais les canalisations, sous-stations, postes de transformateurs, etc., nécessaires à la distribution.

Le réseau sera alimenté au moyen de postes centraux qui feront partie intégrante de la concession et seront situés à l'intérieur de son périmètre.

Les ouvrages destinés à la production de l'énergie et à son transport jusqu'à chacun des postes centraux ne seront pas soumis aux dispositions du présent cahier des charges et devront être établis, s'il y a lieu, en vertu de permissions ou de concessions distinctes données en conformité de la loi du 15 juin 1906.

Toutefois le concessionnaire sera tenu de construire et de maintenir en bon état de service une (ou plusieurs) usine génératrice d'une puissance totale d'au moins ... kilowatts. Cette (ou ces) usine ainsi que les ouvrages la (ou les) reliant au réseau de distribution feront partie de la concession.

Ouvrages et canalisations préexistants

L'Etat met à la disposition du concessionnaire, qui accepte, l'ensemble des immeubles, canalisations, ouvrages, matériel et appareils constituant les installations de la distribution préexistante, suivant inventaire annexé au présent cahier des charges.

Cette mesure est consentie pour la durée de la concession, mais elle cesserait de plein droit d'avoir son effet en cas de rachat ou de déchéance.

Le concessionnaire payera, pour l'usage des ouvrages de la distribution qui sont mis à sa disposition par l'Etat, une redevance annuelle de .....

Délais d'exécution

Art. 6. — Les projets des ouvrages et des lignes désignées sur le plan annexé au présent cahier des charges devront être présentés par le concessionnaire dans le délai de .... mois à partir de l'approbation définitive de la concession.

Les travaux seront commencés dans le délai de ... à dater de l'approbation des projets et poursuivis sans interruption, de manière à être achevés dans le délai de.....

Les autres lignes seront exécutées lorsqu'elles seront réclamées dans les conditions prévues à l'article 14 ci-après ; elles pourront l'être plus tôt, si le concessionnaire le juge utile.

Propriété des installations

Art. 7. — Le concessionnaire sera tenu d'acquérir les machines et l'outillage nécessaires à l'exploitation.

Il pourra, à son choix, soit acquérir les terrains et établir à ses frais les constructions affectées au service de la distribution, soit les prendre en location.

Toutefois, il sera tenu d'acquérir en toute propriété et de construire les...

Pour l'établissement des ouvrages, l'Etat s'engage à mettre à la disposition du concessionnaire moyennant...

Les baux ou contrats relatifs à toutes les locations d'immeubles seront communiqués au préfet ; ils devront comporter une clause réservant expressément à l'Etat la faculté de se substituer au concessionnaire en cas de rachat ou de déchéance. Il en sera de même pour tous les contrats de fourniture d'énergie, si le concessionnaire achète le courant.

Nature et mode de production du courant

Art. 8. . . . .
. . . .

Usines génératrices

. . . .
. . . .

Sous-stations et postes de tranformateurs

. . . .
. . . .

Tension de distribution

Art. 9. — La tension du courant distribué aux abonnés est fixée à ... volts. La tolérance maximum pour la variation de la tension est de ... o/o en plus ou en moins pour l'éclairage et de ... o/o en plus ou en moins pour tous autres usages.

Fréquence

La fréquence du courant distribué est fixée à ... périodes par seconde ; elle ne doit pas varier de plus de ... o/o en plus ou en moins de sa valeur normale.

Canalisations

Art. 10. — Les canalisations souterraines seront placées directement dans le sol ; *toutefois, elles pourront, sur la demande du concessionnaire, être placées dans des galeries accessibles et elles devront l'être lorsque les services de voirie l'exigeront. Sauf aux traversées des chaussées, elles seront toujours sous les trottoirs à moins d'une autorisation spéciale.*

A la traversée des chaussées fondées sur béton et des voies de tramways, les dispositions nécessaires seront prises pour que le remplacement des canalisations soit possible sans ouverture de tranchée.

Les canalisations aériennes. . . . .

Branchements particuliers

. . . .

CHAPITRE III

TARIFS ET CONDITIONS DU SERVICE

Tarif maximum

Art. 11. — Les prix auxquels le concessionnaire est autorisé à vendre l'énergie électrique ne peuvent dépasser les maxima suivants :

Vente au compteur

Pour l'éclairage, le kilowatt-heure . . . .
Pour tous autres usages, le kilowatt-heure . . . .

Vente à forfait

Pour l'éclairage, le kilowatt-an . . . .
Pour tous autres usages, le kilowatt-an . . . .
. . . .

Abaissements de tarifs

Si le concessionnaire abaisse pour certains abonnés les prix de vente de l'énergie pour l'éclairage électrique, avec ou sans conditions, au-dessous, des limites fixées par le tarif maximum prévu ci-dessus, il sera tenu de faire bénéficier des mêmes réductions tous les abonnés placés dans les mêmes conditions de puissance, d'horaire, d'utilisation, de consommation, de durée d'abonnement et de tarif maximum.

A cet effet, il devra établir et tenir constamment à jour un relevé de tous les abaissements consentis, avec mention des conditions auxquelles ils sont subordonnés. Un exemplaire de ce relevé sera déposé dans chacun des bureaux où peuvent être contractés des abonnements et tenu constamment à la disposition du public et des agents du contrôle.

Tarifs applicables aux services publics

Art. 12. — Les services publics de l'Etat, des départemens et des communes bénéficieront d'une réduction de ... o/o sur le tarif maximum prévu à l'article ci-dessus.

Les établissements publics et les associations agricoles organisées par l'administration, en vertu des lois du 16 septembre 1807, du 14 floréal an XI et du 8 avril 1898 ou autorisées en conformité des lois des 21 juin 1865-22 décembre 1888 bénéficieront d'une réduction de ... o/o.

Obligation de consentir des abonnements sur tout le parcours de la distribution

Art. 13. — Sur tout le parcours de la distribution, le concessionnaire sera tenu, dans le délai d'un mois à partir de la demande qui lui en aura été faite, de fournir l'énergie électrique dans les conditions prévues au présent cahier des charges à toute personne qui demandera à contracter un abonnement pour une durée d'au moins ... Lorsque la puissance demandée excédera ... kilowatts, le concessionnaire pourra exiger que le demandeur lui garantisse pendant ... années une recette brute annuelle de ... francs par kilowatt demandé.

Si le service du nouvel abonné exige des travaux complémentaires sur le réseau, le délai d'un mois prévu pour la fourniture du courant sera prolongé du temps nécessaire à l'exécution de ces travaux.

En aucun cas, le concessionnaire ne pourra être astreint à dépasser la puissance maximum de ... kilowatts pour l'ensemble de la distribution.

Si les demandes viennent à dépasser la puissance disponible, elles seront desservies dans l'ordre de leur inscription sur un registre spécial tenu à cet effet.

Obligation d'étendre le réseau

Art. 14. — Le concessionnaire sera tenu d'installer toute ligne pour laquelle un ou plusieurs des propriétaires des immeubles à desservir lui garantiront, pendant cinq ans, une recette brute annuelle de ... francs par mètre courant de canalisation aérienne ou une recette brute annuelle de ... francs par mètre courant de canalisation souterraine, la longueur à établir étant comptée à partir du réseau déjà existant, sans y comprendre la longueur des branchements qui desserviront chaque immeuble.

Les projets de la ligne réclamée devront être présentés par le concessionnaire dans le délai d'un mois à partir de la demande qui lui en aura été faite. La ligne devra être achevée et mise en service dans le délai de ... mois à dater de l'approbation des projets si la longueur est inférieure à ... mètres, et dans le délai de ... mois, si la longueur est supérieure.

Le concessionnaire sera dispensé de l'obligation d'étendre le réseau si les demandes d'abonnement dépassent la puissance disponible sur le maximum prévu à l'article 13 ci-dessus.

Branchement et colonnes montantes

Art. 15. — Les branchements sur les canalisations établies sur ou sous les voies publiques, ayant pour objet d'amener le courant du réseau à l'intérieur des immeubles desservis jusques et y compris soit la boîte du coupe-circuit principal, soit le poste de transformateur, seront installés et entretenus par le concessionnaire et feront partie intégrante de la distribution. Les frais d'installation des branchements seront remboursés au concessionnaire par les propriétaires ou abonnés, conformément au tarif ci-après :

. . . .

Les propriétaires ou abonnés qui garantiront une consommation d'au moins ... kilowatts-heure par an pendant ... années seront dispensés du remboursement des frais d'installation des branchements, à condition d'y substituer le payement d'un loyer mensuel, conformément au tarif ci-après :

. . . .

Lorsque le loyer aura été payé pendant la période mentionnée ci-dessus, les frais d'installation du branchement seront considérés comme amortis et les abonnés desservis au moyen de ce branchement en jouiront gratuitement.

Les frais d'installation des branchements resteront entièrement à la charge du concessionnaire, si les propriétaires ou abonnés garantissent une consommation d'au moins ... kilowatts-heure par an, pendant ... années.

Les branchements intérieurs, les colonnes montantes et toutes dérivations seront établies et entretenues par les soins et aux frais des propriétaires des immeubles.

Toutefois, si les propriétaires le requièrent, le concessionnaire sera tenu d'exécuter et d'entretenir lui-même ces installations, moyennant une rémunération calculée conformément au tarif ci-après :

. . . .

Les tarifs prévus au présent article seront revisables à toute époque par un accord entre l'autorité concédance et le concessionnaire.

Compteurs

Art. 16. — Les compteurs servant à mesurer les quantités d'énergie livrées aux abonnés par le concessionnaire seront d'un des types approuvés par le Ministre des Travaux publics, après avis du Comité d'électricité institué conformément à la loi du 15 juin 1906. Pour chaque type, le ministre déterminera la valeur des écarts dans la limite desquels les compteurs seront considérés comme exacts.

Les compteurs seront posés, plombés et entretenus par le concessionnaire.

L'abonné aura la faculté de les fournir lui-même ou de demander au concessionnaire de les fournir en location.

Si le compteur appartient à l'abonné, le concessionnaire percevra, à titre de frais de pose une somme de ... et, à titre de frais d'entretien, une somme mensuelle de ... ,

Si le compteur est fourni par le concessionnaire, celui-ci percevra, à titre de frais de pose, une somme de ... et, à titre de frais de location et d'entretien, une somme mensuelle de ...

Vérification des compteurs

Art. 17. — Le concessionnaire pourra procéder à la vérification des compteurs aussi souvent qu'il le jugera utile, sans que cette vérification donne lieu à son profit à aucune allocation en sus des frais d'entretien mentionnés à l'article précédent.

L'abonné aura toujours le droit de demander la vérification du compteur, soit par le concessionnaire, soit par un expert désigné d'un commun accord ou, à défaut d'accord, désigné par l'ingénieur en chef du contrôle des distributions d'énergie électrique. Les frais de la vérification seront à la charge de l'abonné, si le compteur est reconnu exact ou si le défaut d'exactitude est à son profit ; ils seront à la charge du concessionnaire si le défaut d'exactitude est au détriment de l'abonné.

Police d'abonnement

Art. 18. — Les contrats pour la fourniture de l'énergie seront établis sous la forme de polices d'abonnement, conformes aux modèles arrêtés d'accord entre le représentant de l'autorité concédante désigné par le ministre et le concessionnaire. Il ne pourra être dérogé aux dispositions contenues dans ces modèles que par une convention spéciale entre le concessionnaire et l'abonné, soumise aux conditions stipulées dans les deux derniers alinéas de l'article 11 ci-dessus.

Dans le cas où il y aurait lieu, au cours de la concession, d'apporter des modifications aux modèles de police, à défaut d'accord entre le représentant de l'autorité concédante désigné comme il est dit ci-dessus et le concessionnaire, il serait statué par le Ministre des Travaux publics, après avis du Comité d'électricité.

Avances sur consommation. — *L'abonné sera tenu, sur la demande du concessionnaire, de lui verser, à titre d'avance sur consommation, une somme qui ne pourra être supérieure à ... par hectowatt de puissance du compteur.*

Cette avance ne sera pas productive d'intérêt et sera remboursable à l'expiration de l'abonnement.

Surveillance des installations intérieures

Art. 19. — Le courant ne sera livré aux abonnés que s'ils se conforment pour leurs installations intérieures aux mesures qui leur seront imposées par le concessionnaire, avec l'approbation de l'ingénieur en chef du contrôle, en vue soit d'empêcher les troubles dans l'exploitation, notamment les défauts d'isolement et la mise en marche ou l'arrêt brusque des moteurs électriques, soit d'empêcher l'usage illicite du courant, soit d'éviter une déperdition exagérée d'énergie, dans les branchements et colonnes montantes avant les compteurs.

Le concessionnaire sera autorisé, à cet effet, à vérifier, à toute époque, l'installation intérieure de chaque abonné.

Si l'installation est reconnue défectueuse, le concessionnaire pourra se refuser à continuer la fourniture du courant. En cas de désaccord sur les mesures à prendre en vue de faire disparaître toute cause de danger ou de trouble dans le fonctionnement général de la distribution, il sera statué par l'ingénieur en chef du contrôle, sauf recours au Ministre des Travaux publics, qui décidera après avis du Comité d'électricité.

En aucun cas, le concessionnaire n'encourra de responsabilités à raison des défectuosités des installations qui ne seront pas de son fait.

Conditions particulières du service

Art. 20 (1) . . . .
. . . .

CHAPITRE IV

DURÉE DE LA CONCESSION, RACHAT ET DÉCHÉANCE

Durée de la concession

Art. 21. — La durée de la présente concession est fixée à ... années (2); elle commencera à courir de la date de son approbation définitive (3).

---

(1) L'article 20 indique si l'énergie doit être à la disposition des abonnés en permanence, ou si le service peut être normalement suspendu à des heures déterminées, qui peuvent être variables suivant les saisons.

Il peut contenir, en outre, des conditions spéciales qui seraient stipulées pour la fourniture de l'énergie à certaines catégories d'abonnés.

(2) La durée ne peut être supérieure à quarante ans.

(3) Lorsque la concession a pour objet l'extension d'une concession déjà existante, elle doit prendre fin à la même date que la concession principale, et l'article 21 détermine la date d'expiration pour l'ensemble du réseau.

Reprise des installations en fin de concession

Art. 22. — A l'époque fixée pour l'expiration de la concession, l'Etat aura, moyennant un préavis de deux ans, la faculté de se subroger aux droits du concessionnaire et de prendre possession de tous les immeubles et ouvrages de la distribution et de ses dépendances.

Si l'Etat use de cette faculté, les usines, sous-stations et postes transformateurs, le matériel électrique et mécanique ainsi que les canalisations et branchements faisant partie de la concession, lui seront remis gratuitement et il ne sera attribué d'indemnité au concessionnaire que pour la portion du coût de ces installations qui sera considérée comme n'étant pas amortie. Cette indemnité sera égale aux dépenses dûment justifiées, supportées par le concessionnaire pour l'établissement de ceux des ouvrages ci-dessus énumérés subsistant en fin de concession qui auront été régulièrement exécutés pendant les n dernières années de la concession, sauf déduction pour chaque ouvrage de $1/n$ de sa valeur pour chaque année écoulée depuis son achèvement. L'indemnité sera payée au concessionnaire dans les six mois qui suivront l'expiration de la concession.

En ce qui concerne le mobilier et les approvisionnements, l'Etat se réserve le droit de les reprendre en totalité ou pour telle partie qu'il jugera convenable, mais sans pouvoir y être contraint. La valeur des objets repris sera fixée à l'amiable ou à dire d'experts, et payée au concessionnaire dans les six mois qui suivront leur remise à l'Etat.

Si l'Etat ne prend pas possession de la distribution, le concessionnaire sera tenu d'enlever à ses frais et sans indemnité toutes celles de ses installations qui se trouvent sur ou sous les voies publiques ; il pourra toutefois abandonner sans indemnité les canalisations souterraines, à condition qu'elles n'apportent aucune gêne aux services publics.

Dans tous les cas, l'Etat aura la faculté, sans qu'il en résulte un droit à indemnité pour le concessionnaire, de prendre pendant les six derniers mois de la concession toutes mesures utiles pour assurer la continuité de la distribution de l'énergie en fin de concession, en réduisant au minimum la gêne qui en résultera pour le concessionnaire. Il pourra notamment, si les sous-stations et postes de transformateurs n'appartiennent pas en propre au concessionnaire ou si celui-ci ne produit pas le courant dans des usines faisant partie de la concession, desservir directement les abonnés par des sous-stations ou postes de transformateurs nouveaux, en percevant à son profit le prix de vente de l'énergie, et d'une manière générale, prendre toutes les mesures nécessaires pour effectuer le passage progressif de la concession ancienne à une concession ou à une entreprise nouvelle.

Rachat de la concession

Art. 23. — A toute époque, l'Etat aura le droit de racheter la concession entière, moyennant un préavis de deux ans.

En cas de rachat, le concessionnaire recevra pour toute indemnité :

1° Pendant chacune des années restant à courir jusqu'à l'expiration de la concession, une annuité égale au produit net moyen des sept années d'exploitation précédant celle où le rachat sera effectué, déduction faite des deux plus mauvaises.

Le produit net de chaque année sera calculé en retranchant des recettes toutes les dépenses dûment justifiées, faites pour l'exploitation de la distribution, y compris l'entretien et le renouvellement des ouvrages et du matériel, mais non compris les charges du capital ni l'amortissement des dépenses de premier établissement.

Dans aucun cas le montant de l'annuité ne sera inférieur au produit net de la dernière des sept années prises pour terme de comparaison.

2° Une somme égale aux dépenses dûment justifiées, supportées par le concessionnaire pour l'établissement de ceux des ouvrages de la concession, subsistant au moment du rachat, qui auront été régulièrement exécutés pendant les n années précédant le rachat, sauf déduction pour chaque ouvrage de $1/n$ de sa valeur pour chaque année écoulée depuis son achèvement.

L'État sera en outre tenu de se substituer au concessionnaire pour l'exécution des engagements pris par lui en vue d'assurer la marche normale de l'exploitation et de reprendre les approvisionnements en magasin ou en cours de transport ainsi que le mobilier de la distribution ; la valeur des objets repris sera fixée à l'amiable ou à dire d'expert et sera payée au concessionnaire dans les six mois qui suivront leur remise à l'État.

Si le rachat a lieu avant l'expiration des vingt premières années de la concession, le concessionnaire pourra demander que l'indemnité, au lieu d'être calculée comme il est dit ci-dessus, soit égale aux dépenses réelles de premier établissement, y compris les frais de constitution de la société dans la limite d'un maximum de ... francs et les insuffisances qui se seraient produites depuis l'origine de la concession, si celle-ci remonte à moins de sept ans, et pendant les sept premières années de sa durée, si elle remonte à plus de sept ans. Ces insuffisances seront calculées pour chaque année, en prenant la différence entre la recette brute et les charges énumérées ci-après : 1° frais d'exploitation ; 2° intérêt et amortissement des emprunts contractés pour l'établissement de la distribution ; 3° intérêt à 5 o/o des sommes fournies par le concessionnaire au moyen de ses propres ressources ou de son capital-action.

Remise des ouvrages

Art. 24. — En cas de rachat, ou en cas de reprise à l'expiration de la concession, le concessionnaire sera tenu de remettre à l'État tous les ouvrages et le matériel de la distribution en bon état d'entretien.

L'État pourra retenir, s'il y a lieu, sur les indemnités dues au concessionnaire, les sommes nécessaires pour mettre en bon état toutes les installations.

Lorsque l'État usera de la faculté, à lui réservée, de reprendre les installations en fin de concession, il pourra se faire remettre les revenus de la distribution dans les deux dernières années qui précéderont le terme de la concession et les employer à rétablir en bon état les installations, si le concessionnaire ne se met pas en mesure de satisfaire pleinement et entièrement à cette obligation et si le montant de l'indemnité à prévoir en raison de la reprise de la distribution par l'État, joint au cautionnement, n'est pas jugé suffisant pour couvrir les dépenses des travaux reconnus nécessaires.

Déchéance et mise en régie provisoire

Art. 25. — Si le concessionnaire n'a pas présenté les projets d'exécution, ou s'il n'a pas achevé et mis en service les lignes de distribution dans les délais et conditions fixés par le cahier des charges, il encourra la déchéance qui sera prononcée, après mise en demeure, par décret sauf recours au Conseil d'État par la voie contentieuse.

Si la sécurité publique vient à être compromise, le Préfet, après avis de l'ingénieur en chef du contrôle, prendra aux frais et risques du concessionnaire les mesures provisoires nécessaires pour prévenir tout danger. Il soumettra au Ministre des Travaux publics les mesures qu'il aura prises à cet effet. Le Ministre prescrira, s'il y a lieu, les modifications à apporter à ces mesures et adressera au concessionnaire une mise en demeure fixant le délai à lui imparti pour assurer à l'avenir la sécurité de l'exploitation.

Si l'exploitation vient à être interrompue en partie ou en totalité, il y sera également pourvu aux frais et risques du concessionnaire. Le Préfet soumettra immédiatement au Ministre des Travaux publics les mesures qu'il comptera prendre pour assurer provisoirement le service de la distribution. Le Ministre statuera sur ces propositions et adressera une mise en demeure fixant un délai au concessionnaire pour reprendre le service.

Si, à l'expiration du délai imparti, dans les cas prévus aux deux alinéas qui précèdent, il n'a pas été satisfait à la mise en demeure, la déchéance pourra être prononcée.

La déchéance pourra également être prononcée si le concessionnaire, après mise en demeure, ne reconstitue pas le cautionnement prévu à l'article 31 ci-après, dans le cas où des prélèvements auraient été effectués sur ce cautionnement en conformité des dispositions du cahier des charges.

La déchéance ne serait pas encourue dans le cas où le concessionnaire n'aurait pu remplir ses obligations par suite de circonstances de force majeure dûment constatées.

Procédure en cas de déchéance

Art. 26. — Dans le cas de déchéance, il sera pourvu tant à la continuation et à l'achèvement des travaux qu'à l'exécution des autres engagements du concessionnaire au moyen d'une adjudication qui sera ouverte sur une mise à prix des projets, des terrains acquis, des ouvrages exécutés, du matériel et des approvisionnements.

Cette mise à prix sera fixée par le Ministre des Travaux publics, sur la proposition du Préfet, après avis du conseil municipal, le concessionnaire entendu.

Nul ne sera admis à concourir à l'adjudication s'il n'a, au préalable, été agréé par le Ministre des Travaux publics, et s'il n'a fait, soit à la Caisse des dépôts et consignations, soit à la trésorerie générale du département un dépôt de garantie égal au montant du cautionnement prévu par le présent cahier des charges.

L'adjudication aura lieu suivant les formes indiquées aux articles 11, 12, 13, 15 et 16 de l'ordonnance royale du 10 mai 1829.

L'adjudicataire sera tenu aux clauses du présent cahier des charges et substitué aux droits et charges du concessionnaire évincé qui recevra le prix de l'adjudication.

Si l'adjudication ouverte n'amène aucun résultat, une seconde adjudication sera tentée sans mise à prix après un délai de trois mois. Si cette seconde tentative reste également sans résultat, le concessionnaire sera définitivement déchu de tous droits ; les ouvrages et le matériel de la distribution ainsi que les approvisionnements deviendront sans indemnité la propriété de l'Etat.

CHAPITRE V

Redevances

Art. 27. — Les redevances pour l'occupation du domaine public national et départemental, sont fixées conformément aux articles 1 et 2 du décret du 17 octobre 1907.

Il en est de même des redevances pour l'occupation du domaine public communal, à moins que des accords spéciaux ne soient intervenus entre certaines communes et le concessionnaire, conformément à l'article 3 dudit décret.

Etats statistiques et contrôle des recettes

Art. 28. — Le concessionnaire sera tenu de remettre chaque année à l'ingénieur en chef du contrôle un compte rendu statistique de son exploitation.

Ce compte rendu sera établi conformément au modèle arrêté par le Ministre des Travaux publics après avis du Comité d'électricité et pourra être publié en tout ou en partie.

Pour les communes avec lesquelles des accords auront été passés conformément à l'article 27 ci-dessus, le concessionnaire devra, en outre, adresser à l'ingénieur en chef du contrôle, dans le courant du premier trimestre de chaque année, l'état des recettes réalisées pendant l'année précédente.

L'ingénieur en chef aura le droit de contrôler ces états ; à cet effet, les agents du contrôle dûment accrédités pourront se faire présenter toutes pièces de comptabilité nécessaires pour leur vérification.

Impôts et droits d'octroi

Art. 29. — Tous les impôts établis ou à établir par l'Etat, les départements ou les communes, y compris les impôts relatifs aux immeubles de la distribution, seront à la charge du concessionnaire.

Pénalités

Art. 30. — Faute par le concessionnaire de remplir les obligations qui lui sont imposées par le présent cahier des charges, des amendes pourront lui être infligées, sans préjudice, s'il y a lieu, de dommages et intérêts envers les tiers intéressés. Les amendes seront prononcées au profit de l'Etat par le Préfet, après avis de l'ingénieur en chef du contrôle.

Les amendes seront appliquées dans les conditions suivantes :

En cas d'interruption générale non justifiée du courant, amende de ... par heure d'interruption.

En cas de manquement aux obligations imposées par les articles 6, 9, 13, 14 et 28 du présent cahier des charges, et par chaque infraction, une amende de ... par jour, jusqu'à ce que l'infraction ait cessé (1).

Cautionnement

Art. 31. — Avant la signature de l'acte de concession, le concessionnaire déposera, soit à la caisse des dépôts et consignations, soit à la trésorerie générale une somme de ... en numéraire ou en rentes sur l'Etat, en obligations garanties par l'Etat ou en bons du Trésor, dans les conditions prévues par les lois et règlements pour les cautionnements en matières de travaux publics.

La somme ainsi versée formera le cautionnement de l'entreprise.

Sur le cautionnement seront prélevés le montant des amendes stipulées à l'article 30, ainsi que les dépenses faites en raison des mesures prises aux frais du concessionnaire pour assurer la sécurité publique ou la reprise de l'exploitation en cas de suspension, conformément aux prescriptions du présent cahier des charges.

Toutes les fois qu'une somme quelconque aura été prélevée sur le cautionnement, le concessionnaire devra le compléter à nouveau dans un délai de quinze jours, à dater de la mise en demeure qui lui sera adressée à cet effet.

La moitié du cautionnement sera restituée au concessionnaire après achèvement du réseau principal de distribution prévu à l'article 6 ci-dessus ; l'autre moitié lui sera restituée en fin de concession. Toutefois, en cas de déchéance, la partie non restituée du cautionnement restera définitivement acquise à l'Etat.

Art. 32, 33, 34, 35 et 36, comme au cahier précédent (annexe 7).

ANNEXE N° 9

CAHIER DES CHARGES-TYPE

Pour la concession par l'Etat d'une distribution d'énergie électrique aux services pubics
Décret du 30 novembre 1909 *(J. O., 2 décembre 1909 et 8 janvier 1910)*

CHAPITRE PREMIER

OBJET DE LA CONCESSION

Service concédé

Art. 1er. — La présente concession a pour objet la distribution de l'énergie électrique aux services publics organisés en vue des transports en commun, de l'éclairage public ou privé ou de la fourniture de l'énergie aux particuliers sur le parcours compris entre..... et (2)...... département..... en traversant les communes de..... département (2) de.....

. . . .

---

(1) Les amendes prévues peuvent n'être pas les mêmes pour les infractions aux divers articles mentionnés dans ce paragraphe.

(2) Spécifier, d'une part, l'usine génératrice ou le poste d'où part la ligne et, d'autre part, soit la dernière commune à desservir, soit le poste de réception où la ligne principale doit se terminer.

Droit d'utiliser les voies publiques

Art. 2. — La concession confère au concessionnaire le droit d'établir et d'entretenir, sur le parcours défini à l'article 1ᵉʳ, soit au-dessus, soit au-dessous des voies publiques et de leurs dépendances, tous ouvrages ou canalisations destinées à la distribution de l'énergie électrique, en se conformant aux conditions du présent cahier des charges, aux règlements de voirie et aux décrets ou arrêtés intervenus en exécution de la loi du 15 juin 1906.

Le concessionnaire ne pourra réclamer aucune indemnité pour le déplacement ou la modification des ouvrages établis par lui sur les voies publiques, lorsque ces changements seront requis par l'autorité compétente pour un motif de sécurité publique ou dans l'intérêt de la voirie.

Utilisation accessoire des ouvrages et canalisations

Art. 3. — Le concessionnaire peut être autorisé par le Ministre des Travaux publics à faire usage des ouvrages et canalisations établis en vertu de la présente concession pour fournir l'énergie à d'autres services publics ou à des particuliers, sous la condition expresse qu'il n'en résulte aucune entrave au bon fonctionnement de la distribution définie à l'article 1ᵉʳ ci-dessus et que toutes les obligations du cahier des charges soient remplies.

CHAPITRE II

TRAVAUX

Approbation des projets

Art. 4. — Les projets de tous les ouvrages dépendant de la concession devront être approuvés dans les formes prévues par la loi du 15 juin 1906 et par le décret du 3 avril 1908.

Ouvrages à établir pour la distribution

Art. 5. — Le concessionnaire sera tenu d'établir à ses frais les canalisations, sous-stations, postes de transformateurs, etc., nécessaires au transport de l'énergie depuis l'usine productrice et à sa distribution.

Les ouvrages destinés à la production de l'énergie ne seront pas soumis aux dispositions du présent cahier des charges.

Toutefois, le concessionnaire sera tenu de construire et de maintenir en bon état de service une (ou plusieurs) usine (s) génératrice (s) d'une puissance totale d'au moins… kilowatts. Cette (ou ces) usine (s) ainsi que les ouvrages la (ou les) reliant au réseau de distribution feront partie de la concession.

Ouvrages et canalisations préexistants

L'État met à la disposition du concessionnaire qui accepte, l'ensemble des immeubles, canalisations, ouvrages, matériel et appareils constituant les installations de la distribution préexistante, suivant inventaire annexé au présent cahier des charges.

Cette mesure est consentie pour la durée de la concession, mais elle cessera de plein droit d'avoir son effet en cas de rachat ou de déchéance.

Le concessionnaire payera, pour l'usage des ouvrages de la distribution qui sont mis à sa disposition par l'État, une redevance annuelle de. …

Délais d'exécution

Art. 6. — Les projets des ouvrages et des lignes désignés sur le plan annexé au présent cahier des charges devront être présentés par le concessionnaire dans le délai de..... mois à partir de l'approbation définitive de concession.

Les travaux seront commencés dans le délai de..... à dater de l'approbation des projets et poursuivis sans interruption, de manière à être achevés dans le délai de.....

Les autres lignes seront exécutées lorsqu'elles seront nécessaires pour l'accomplissement des obligations du concessionnaire.

Propriété des installations

Art. 7. — Le concessionnaire sera tenu d'acquérir les machines et l'outillage nécessaires à l'exploitation.

Il pourra, à son choix, soit acquérir les terrains et établir à ses frais les constructions affectées au service de la distribution, soit les prendre en location.

Toutefois, il sera tenu d'acquérir en toute propriété et de construire les.....

Pour l'établissement des ouvrages, l'Etat s'engage à mettre à la disposition du concessionnaire moyennant.....

Les baux ou contrats relatifs à toutes les locations d'immeubles seront communiqués au préfet ; ils devront comporter une clause réservant expressément à l'Etat la faculté de se substituer au concessionnaire en cas de rachat ou de déchéance. Il en sera de même pour tous les contrats de fourniture d'énergie, si le concessionnaire achète le courant.

Nature et mode de production du courant

Art. 8. — . . . .

. . . .

Usines génératrices

. . . .

. . . .

Sous-stations et postes de transformateurs

. . . .

. . . .

Tension de transport

Art. 9. — La tension du courant au départ des usines, en service normal, ne doit jamais dépasser..... volts.

Fréquence

La fréquence du courant distribué en service normal est fixée à..... périodes par seconde.

Canalisations

Art. 10. — Les canalisations souterraines seront placées directement dans le sol ; *toutefois, elles pourront, sur la demande du concessionnaire, être placées dans des galeries accessibles, et elles devront l'être lorsque les services de voirie l'exigeront. Sauf aux traversées des chaussées, elles seront toujours sous les trottoirs, à moins d'une autorisation spéciale.*

A la traversée des chaussées fondées sur béton et des voies de tramways, les dispositions nécessaires seront prises pour que le remplacement des canalisations soit possible sans ouverture de tranchée.

Les canalisations aériennes. . . . .

CHAPITRE III

TARIFS ET CONDITIONS DE SERVICE

Tarif maximum

Art. 11. — Les prix auxquels le concessionnaire est autorisé à vendre l'énergie électrique aux services définis à l'article 1er ne peuvent dépasser les maxima suivants.

. . . .

Etablissements et associations assimilés aux services publics

Art. 12. — Les établissements publics et les associations agricoles organisées par l'administration, en vertu des lois du 16 septembre 1807, du 14 floréal an XI et du 8 avril 1898, ou autorisés en conformité des lois des 21 juin 1865-22 décembre 1888, sont assimilés aux services publics définis à l'article 1er ci-dessus, tant en ce qui concerne les tarifs qu'en ce qui concerne l'obligation imposée au concessionnaire par l'article 13 ci-après de fournir l'énergie demandée et les conditions de la fourniture.

Obligation de consentir des abonnements sur tout le parcours de la distribution

Art. 13. — Sur tout le parcours défini à l'article 1er ci-dessus, le concessionnaire sera tenu de fournir l'énergie électrique, dans les conditions prévues au présent cahier des charges, à tout service public rentrant dans les catégories énumérées audit article dont l'administration demandera à contracter un abonnement pour une durée d'au moins... et pour une puissance d'au moins... kilowatts.

Le concessionnaire pourra exiger que le demandeur lui garantisse pendant... années une recette brute annuelle de... francs par kilowatt demandé.

Le délai dans lequel le concessionnaire devra commencer la fourniture du courant sera déterminé dans le traité d'abonnement, en tenant compte du temps nécessaire à l'exécution des travaux indispensables pour assurer le service du nouvel abonné.

En aucun cas, le concessionnaire ne pourra être astreint à dépasser la puissance maximum de ... kilowatts pour l'énergie fournie aux services publics dont l'alimentation est obligatoire.

Obligation d'étendre le réseau

Art. 14. — Sont considérés comme situés sur le parcours de la distribution, pour l'application de l'article précédent, tous les services publics qui fonctionnent en totalité ou en partie dans

une zone de... kilomètres de chaque côté de la ligne principale de transport définie à l'article
1er ci-dessus et qui sont susceptibles d'être desservis au moyen d'un poste principal situé dans
cette zone.

Postes de transformation et lignes secondaires

Art. 15. — Les postes de transformation ainsi que les lignes secondaires et les branchements
ayant pour objet d'amener le courant aux abonnés, seront installés et entretenus par le concessionnaire et feront partie intégrante de la distribution.

Les frais d'installation des branchements seront remboursés au concessionnaire par les
abonnés. En cas de désaccord, leur montant sera fixé à dire d'experts.

Compteurs

Art. 16. — Les compteurs servant à mesurer les quantités d'énergie livrées aux abonnés par
le concessionnaire seront posés, plombés et entretenus par celui-ci.

Chaque abonné aura la faculté de les fournir lui-même ou de demander au concessionnaire
de les fournir en location.

Les conditions de location, de pose, plombage et entretien des compteurs ainsi que l'étendue
des écarts dans la limite desquels les compteurs seront considérés comme exacts, seront déterminées par le traité d'abonnement.

Vérification des compteurs

Art. 17. — Le concessionnaire pourra procéder à la vérification des compteurs aussi souvent
qu'il le jugera utile, sans que cette vérification donne lieu à son profit à aucune allocation en sus
des frais d'entretien mentionnés à l'article précédent.

L'abonné aura toujours le droit de demander la vérification du compteur, soit par le concessionnaire, soit par un expert désigné d'un commun accord ou, à défaut d'accord, désigné par
l'ingénieur en chef du contrôle des distributions d'énergie électrique. Les frais de vérification
seront à la charge de l'abonné, si le compteur est reconnu exact ou si le défaut d'exactitude est à
son profit ; ils seront à la charge du concessionnaire, si le défaut d'exactitude est au détriment
de l'abonné.

Traités d'abonnement

Art. 18. — Les contrats pour la fourniture de l'énergie électrique seront établis dans la
forme des traités d'abonnement qui seront communiqués à l'ingénieur en chef du contrôle des
distributions d'énergie électrique.

Le Ministre des Travaux publics, sur le rapport de l'ingénieur en chef et après avis du
comité d'électricité, aura la faculté de prescrire la suppression de toute clause en contradiction
avec le présent cahier des charges ou accordant à un abonné des avantages qui ne seraient pas
accordés aux autres abonnés placés dans les mêmes conditions de puissance, d'horaire, d'utilisation, de consommation et de durée d'abonnement.

Surveillance des installations reliées à la distribution

Art. 19. — Le courant ne sera livré aux abonnés que s'ils se conforment, pour les installations reliées à la distribution, aux conditions qui leur seront imposées par le concessionnaire, avec l'approbation de l'ingénieur en chef du contrôle, en vue soit d'éviter les troubles dans l'exploitation, soit d'empêcher l'usage illicite du courant.

Le concessionnaire sera autorisé, à cet effet, à vérifier, à toute époque, les installations de chaque abonné.

Si l'installation est reconnue défectueuse, le concessionnaire pourra se refuser à continuer la fourniture du courant. En cas de désaccord sur les mesures à prendre en vue de faire disparaître toute cause de danger ou de trouble dans le fonctionnement général de la distribution, il sera statué par l'ingénieur en chef du contrôle, sauf recours au Ministre des Travaux publics, qui décidera après avis du comité d'électricité.

En aucun cas, le concessionnaire n'encourra de responsabilités à raison des défectuosités des installations qui ne seront pas de son fait.

Conditions particulières du service

Art. 20 (1). — . . . .

CHAPITRE IV

DURÉE DE LA CONCESSION, RACHAT ET DÉCHÉANCE

Durée de la concession

Art. 21. — La durée de la présente concession est fixée à..... années (2) ; elle commencera à courir de la date de son approbation définitive.

Reprise des installations en fin de concession

Art. 22. — A l'époque fixée pour l'expiration de la concession, l'Etat aura, moyennant un préavis de deux ans, la faculté de se subroger aux droits du concessionnaire et de prendre possession de tous les immeubles et ouvrages de la distribution et de ses dépendances.

Si l'Etat use de cette faculté, les usines, sous-stations et postes transformateurs, le matériel électrique et mécanique ainsi que les canalisations et branchements faisant partie de la concession lui seront remis gratuitement et il ne sera attribué d'indemnité au concessionnaire que pour la portion du coût de ces installations qui sera considérée comme n'étant pas amortie. Cette indemnité sera égale aux dépenses, dùment justifiées, supportées par le concessionnaire pour l'établissement de ceux des ouvrages ci-dessus énumérés subsistant en fin de concession

---

(1) L'article 20 indique si l'énergie doit être à la disposition des abonnés en permanence ou si le service peut être normalement suspendu à des heures déterminées, qui peuvent être variables suivant les saisons. Il peut contenir en outre des conditions spéciales, qui seraient stipulées pour la fourniture de l'énergie à certaines catégories d'abonnés.

(2) La durée ne peut être supérieure à cinquante ans.

qui auront été régulièrement exécutés pendant les *n* dernières années de la concession, sauf déduction pour chaque ouvrage de $1/n$ de sa valeur pour chaque année écoulée depuis son achèvement. L'indemnité sera payée au concessionnaire dans les six mois qui suivront l'expiration de la concession.

En ce qui concerne le mobilier et les approvisionnements, l'Etat se réserve le droit de les reprendre en totalité ou pour telle partie qu'il jugera convenable, mais sans pouvoir y être contraint. La valeur des objets repris sera fixée à l'amiable ou à dire d'experts, et payée au concessionnaire dans les six mois qui suivront leur remise à l'Etat.

Si l'Etat ne prend pas possession de la distribution, le concessionnaire sera tenu d'enlever à ses frais et sans indemnité toutes celles de ses installations qui se trouvent sur ou sous les voies publiques ; il pourra toutefois abandonner sans indemnité les canalisations souterraines, à condition qu'elles n'apportent aucune gêne aux services publics.

Dans tous les cas, l'Etat aura la faculté, sans qu'il en résulte un droit à une indemnité pour le concessionnaire, de prendre pendant les six derniers mois de la concession toutes mesures utiles pour assurer la continuité de la distribution de l'énergie en fin de concession, en réduisant au minimum la gêne qui en résultera pour le concessionnaire. Il pourra, notamment, si les sous-stations et postes de transformateurs n'appartiennent pas en propre au concessionnaire ou si celui-ci ne produit pas le courant dans les usines faisant partie de la concession, desservir directement les abonnés par des sous-stations ou postes de transformateurs nouveaux, en percevant à son profit le prix de vente de l'énergie, et, d'une manière générale, prendre toutes les mesures nécessaires pour effectuer le passage progressif de la concession ancienne à une concession ou à une entreprise nouvelle.

Rachat de la concession

Art. 23. — A toute époque, l'Etat aura le droit de racheter la concession entière, moyennant un préavis de deux ans.

En cas de rachat, le concessionnaire recevra pour toute indemnité :

1° Pendant chacune des années restant à courir jusqu'à l'expiration de la concession, une annuité égale au produit net moyen des sept années d'exploitation précédant celle où le rachat sera effectué, déduction faite des deux plus mauvaises.

Le produit net de chaque année sera calculé en retranchant des recettes toutes les dépenses, dûment justifiées, faites pour l'exploitation du transport, y compris l'entretien et le renouvellement des ouvrages et du matériel, mais non compris les charges du capital ni l'amortissement des dépenses de premier établissement.

Dans aucun cas le montant de l'annuité ne sera inférieur au produit net de la dernière des sept années prises pour terme de comparaison.

2° Une somme égale aux dépenses dûment justifiées, supportées par le concessionnaire pour l'établissement de ceux des ouvrages de la concession, subsistant au moment du rachat, qui auront été régulièrement exécutés pendant les *n* années précédant le rachat, sauf déduction pour chaque ouvrage de $1/n$ de sa valeur pour chaque année écoulée depuis son achèvement.

L'Etat sera également tenu de se substituer au concessionnaire pour l'exécution des contrats de fourniture d'énergie, passés conformément aux articles 1er, 12 et 13 du présent cahier des charges, ainsi que des engagements pris par lui en vue d'assurer la marche normale de l'exploitation, et de reprendre les approvisionnements en magasin ou en cours de transport ainsi que le mobilier de la distribution ; la valeur des objets repris sera fixée à l'amiable ou à dire d'experts et sera payée au concessionnaire dans les six mois qui suivront leur remise à l'Etat.

Si le rachat a lieu avant l'expiration des vingt premières années de la concession, le concessionnaire pourra demander que l'indemnité, au lieu d'être calculée comme il est dit ci-dessus, soit égale aux dépenses réelles de premier établissement, y compris les frais de constitution de la société dans la limite d'un maximum de... fr. et les insuffisances qui se seraient produites depuis l'origine de la concession, si celle-ci remonte à moins de sept ans, et pendant les sept premières années de sa durée, si elle remonte à plus de sept ans. Ces insuffisances seront calculées pour chaque année en prenant la différence entre la recette brute et les charges énumérées ci-après : 1° frais d'exploitation ; 2° intérêt et amortissement des emprunts contractés pour l'établissement de la distribution ; 3° intérêt à 5 o/o des sommes fournies par le concessionnaire au moyen de ses propres ressources ou de son capital-actions.

Remise des ouvrages

Art. 24. — En cas de rachat, ou en cas de reprise à l'expiration de la concession, le concessionnaire sera tenu de remettre à l'Etat tous les ouvrages et le matériel de la distribution en bon état d'entretien.

L'Etat pourra retenir, s'il y a lieu, sur les indemnités dues au concessionnaire, les sommes nécessaires pour mettre en bon état toutes les installations.

Lorsque l'Etat usera de la faculté, à lui réservée, de reprendre les installations en fin de concession, il pourra se faire remettre les revenus de la distribution dans les deux dernières années qui précèderont le terme de la concession et les employer à rétablir en bon état les installations, si le concessionnaire ne se met pas en mesure de satisfaire pleinement et entièrement à cette obligation et si le montant de l'indemnité à prévoir en raison de la reprise de la distribution par l'Etat, joint au cautionnement, n'est pas jugé suffisant pour couvrir les dépenses des travaux reconnus nécessaires.

Déchéance et mise en régie provisoire

Art. 25. — Si le concessionnaire n'a pas présenté les projets d'exécution, ou s'il n'a pas achevé et mis en service les lignes de la distribution dans les délais et conditions fixés par le cahier des charges, il encourra la déchéance qui sera prononcée, après mise en demeure, par décret, sauf recours au conseil d'Etat par la voie contentieuse.

Si la sécurité publique vient à être compromise, le préfet, après avis de l'ingénieur en chef du contrôle, prendra aux frais et risques du concessionnaire les mesures provisoires nécessaires pour prévenir tout danger. Il soumettra au ministre des travaux publics les mesures qu'il aura prises à cet effet. Le ministre prescrira, s'il y a lieu, les modifications à apporter à ces mesures et adressera au concessionnaire une mise en demeure fixant le délai à lui imparti pour assurer à l'avenir la sécurité de l'exploitation.

Si l'exploitation vient à être interrompue en partie ou en totalité, il y sera également pourvu aux frais et risques du concessionnaire. Le préfet soumettra immédiatement au ministre des travaux publics les mesures qu'il compte prendre pour assurer provisoirement le service de la distribution. Le ministre statuera sur ces propositions et adressera une mise en demeure fixant un délai au concessionnaire pour reprendre le service.

Si, à l'expiration du délai imparti, dans les cas prévus aux deux alinéas qui précèdent, il n'a pas été satisfait à la mise en demeure, la déchéance pourra être prononcée.

La déchéance pourra également être prononcée si le concessionnaire, après mise en demeure, ne reconstitue pas le cautionnement prévu à l'article 31 ci-après, dans le cas où des prélèvements auraient été effectués sur ce cautionnement en conformité des dispositions du cahier des charges.

La déchéance ne serait pas encourue dans le cas où le concessionnaire n'aurait pu remplir ses obligations par suite de circonstances de force majeure dûment constatées.

Procédure en cas de déchéance

Art. 26. — Dans le cas de déchéance, il sera pourvu tant à la continuation et à l'achèvement des travaux qu'à l'exécution des autres engagements du concessionnaire au moyen d'une adjudication qui sera ouverte sur une mise à prix des projets, des terrains acquis, des ouvrages exécutés, du matériel et des approvisionnements.

Cette mise à prix sera fixée par le ministre des travaux publics sur la proposition du préfet, le concessionnaire entendu.

Nul ne sera admis à concourir à l'adjudication s'il n'a, au préalable, été agréé par le ministre des travaux publics, et s'il n'a fait, soit à la caisse des dépôts et consignations, soit à la trésorerie générale du département d.............., un dépôt de garantie égal au montant du cautionnement prévu par le présent cahier des charges.

L'adjudication aura lieu suivant les formes indiquées aux articles 11, 12, 13, 15 et 16 de l'ordonnance royale du 10 mai 1829.

L'adjudicataire sera soumis aux clauses du présent cahier des charges et susbitué aux droits et charges du concessionnaire évincé, qui recevra le prix de l'adjudication.

Si l'adjudication ouverte n'amène aucun résultat, une seconde adjudication sera tentée sans mise à prix après un délai de trois mois. Si cette seconde tentative reste également sans résultat, le concessionnaire sera définitivement déchu de tous droits ; les ouvrages et le matériel de la distribution, ainsi que les approvisionnements, deviendront sans indemnité la propriété de l'Etat.

CHAPITRE V

CLAUSES DIVERSES

Redevances

Art. 27. —Les redevances pour l'occupation du domaine public national ou départemental ne sont pas réglées par le cahier des charges ; elles sont fixées conformément aux articles 1 et 2 du décret du 17 octobre 1907.

Il en est de même des redevances pour l'occupation du domaine public communal à moins que des accords spéciaux ne soient intervenus entre certaines communes et le concessionnaire, conformément à l'article 3 dudit décret.

Etats statistiques et contrôle des recettes

Art. 28. — Le concessionnaire sera tenu de remettre chaque année à l'ingénieur en chef du contrôle un compte-rendu statistique de son exploitation.

Ce compte-rendu sera établi conformément au modèle arrêté par le ministre des travaux publics après avis du comité d'électricité et pourra être publié en tout ou en partie.

Pour les communes avec lesquelles des accords auront été passés conformément à l'article 27 ci-dessus, le concessionnaire devra, en outre, adresser à l'ingénieur en chef du contrôle, dans le courant du premier trimestre de chaque année, l'état des recettes réalisées pendant l'année précédente.

L'ingénieur en chef aura le droit de contrôler ces états ; à cet effet, les agents du contrôle dûment accrédités pourront se faire présenter toutes pièces de comptabilité nécessaires pour leur vérification.

Impôts et droits d'octroi

Art. 29. — Tous les impôts établis ou à établir par l'Etat, les départements ou les communes, y compris les impôts relatifs aux immeubles de la distribution, seront à la charge du concessionnaire.

Pénalités

Art. 30. — Faute par le concessionnaire de remplir les obligations qui lui sont imposées par le présent cahier des charges, des amendes pourront lui être infligées, sans préjudice, s'il y a lieu, de dommages et intérêts envers les tiers intéressés. Les amendes seront prononcées au profit de l'Etat par le préfet, après avis de l'ingénieur en chef du contrôle. Les amendes seront appliquées dans les conditions suivantes :

En cas d'interruption générale non justifiée du courant, amende de... par heure d'interruption.

En cas de manquement aux obligations imposées par les articles 6, 9, 13, 14 et 28 du présent cahier des charges, et par chaque infraction, amende de... par jour, jusqu'à ce que l'infraction ait cessé.

Cautionnement

Art. 31. — Avant la signature de l'acte de concession, le concessionnaire déposera, soit à la caisse des dépôts et consignations, soit à la trésorerie générale du département d......, une somme de..... en numéraire ou en rentes sur l'Etat, en obligations garanties par l'Etat ou en bons du Trésor, dans les conditions prévues par les lois et règlements pour les cautionnements en matière de travaux publics.

La somme ainsi versée formera le cautionnement de l'entreprise.

Sur le cautionnement seront prélevés le montant des amendes stipulées à l'article 3o, ainsi que les dépenses faites en raison des mesures prises aux frais du concessionnaire pour assurer la sécurité publique ou la reprise de l'exploitation en cas de suspension, conformément aux prescriptions du présent cahier des charges.

Toutes les fois qu'une somme quelconque aura été prélevée sur le cautionnement, le concessionnaire devra le compléter à nouveau dans un délai de quinze jours, à dater de la mise en demeure qui lui sera adressée à cet effet.

La moitié du cautionnement sera restituée au concessionnaire après achèvement de la ligne principale définie à l'article 1er ci-dessus ; l'autre moitié lui sera restituée en fin de concession. Toutefois, en cas de déchéance, la partie non restituée du cautionnement restera définitivement acquise à l'Etat.

Agents du concessionnaire

Art. 32. — Les agents et gardes que le concessionnaire aura fait assermenter pour la surveillance et la police de la distribution et de ses dépendances seront porteurs d'un signe distinctif et seront munis d'un titre constatant leurs fonctions.

Cession ou modification de la concession.

Art. 33. — Toute cession partielle ou totale de la concession, tout changement de concessionnaire ne pourront avoir lieu, à peine de déchéance, qu'en vertu d'une autorisation donnée par le préfet ou par le ministre des travaux publics, suivant les conditions établies par l'article 7, paragraphe 1er, de la loi du 15 juin 1906.

Jugement des contestations

Art. 34. — Les contestations qui s'élèveraient entre le concessionnaire et l'administration, au sujet de l'exécution et de l'interprétation des clauses du présent cahier des charges, seront jugées par le conseil de préfecture du département d....., sauf recours au conseil d'Etat.

Election de domicile

Art. 35. — Le concessionnaire devra faire élection de domicile à.....

Dans le cas où il ne l'aurait pas fait, toute notification ou signification à lui adressée sera valable lorsqu'elle sera faite à la préfecture d.....

Frais d'enregistrement

Art. 36. — Les frais de timbre et d'enregistrement du présent cahier des charges et des conventions annexées seront supportées par le concessionnaire.

APPENDICE

Loi relative à l'utilisation de l'énergie électrique

Nous avons vu au cours de notre étude (chapitre I, production de l'énergie électrique) que les entreprises hydrauliques, soumises à une réglementation précaire et ne donnant pas des garanties suffisantes, ne s'étaient pas développées en France comme dans les autres pays.

Nous avons également passé en revue les divers projets de lois sur la matière dont le dernier était resté en suspens par suite des circonstances exceptionnelles résultant de la guerre mondiale. La discussion fut reprise en avril 1919 et la loi a été votée par les Chambres en fin de session.

La loi relative à l'utilisation de l'énergie électrique, dont le besoin se faisait sentir depuis si longtemps, a été promulguée le 16 octobre 1919.

Elle est divisée en cinq titres principaux.

Le premier titre donne les conditions générales d'exploitation et classe les entreprises hydrauliques *en entreprises concédées et en entreprises autorisées.*

Le deuxième a trait aux entreprises concédées, le troisième aux entreprises autorisées.

Le quatrième vise les entreprises antérieures à la promulgation de la loi et le cinquième, enfin, énumère les dispositions générales.

On trouvera ci-après le texte *in extenso* de cette loi si importante pour l'intérêt public.

TITRE Ier

CONDITIONS GÉNÉRALES D'EXPLOITATION ET CLASSIFICATION DES ENTREPRISES HYDRAULIQUES

Art. 1er. — Nul ne peut disposer de l'énergie des marées, des lacs et des cours d'eau, quel que soit leur classement, sans une concession ou une autorisation de l'Etat.

Toutefois, aucune concession ou autorisation ne sera accordée sans avis préalable des conseils généraux des départements représentant des intérêts collectifs régionaux, sur le territoire desquels l'énergie est aménagée.

Art. 2. — Sont placées sous le régime de la concession :

1° Les entreprises qui ont pour objet principal la fourniture de l'énergie à des services publics de l'Etat, des départements, des communes et des établissements publics ou à des assotions syndicales autorisées et dont la puissance maximum (produit de la hauteur de chute par le débit maximum de la dérivation) excède 150 kilowatts ;

2° Les entreprises dont la puissance maximum excède 500 kilowatts quel que soit leur objet principal.

Sont placées sous le régime de l'autorisation toutes les autres entreprises.

TITRE II

ENTREPRISES CONCÉDÉES

Art. 3. — La concession est instituée par une loi lorsque les travaux d'appropriation de la force comportent le déversement des eaux d'un bassin fluvial dans un autre ou le détournement des eaux sur une longueur de plus de 20 kilomètres mesurés suivant le lit naturel ou lorsque la puissance normale (produit de la hauteur de chute par le débit moyen annuel de la dérivation) excède 50.000 kilowatts.

Dans les autres cas, la concession est instituée par décret rendu en conseil d'Etat.

Art. 4. — Pour l'exécution des travaux définis au cahier des charges et régulièrement approuvés par l'administration ainsi que pour l'exploitation de la concession, le concessionnaire aura les droits suivants :

1° Occuper dans l'intérieur du périmètre défini par l'acte de concession, les propriétés privées nécessaires à l'établissement des ouvrages de retenue ou de prise d'eau et des canaux d'adduction ou de fuite lorsque ces canaux sont souterrains ou s'ils sont à ciel ouvert en se conformant à la loi du 29 avril 1845 ;

2° Submerger les berges par le relèvement du plan d'eau ;

3° S'il s'agit d'une usine de plus de 10,000 kilowatts, occuper temporairement tous terrains et extraire tous matériaux nécessaires à l'exécution des travaux en se conformant aux prescriptions de la loi du 29 décembre 1892.

Sont exemptés les bâtiments, cours et jardins attenant aux habitations.

L'exercice des droits conférés au concessionnaire par le présent article est autorisé par arrêté préfectoral pris après que les propriétaires ont été mis à même de présenter leurs observations.

Lorsque l'occupation ainsi faite prive le propriétaire de la jouissance du sol pendant une durée supérieure à celle prévue par le cahier des charges pour l'exécution des travaux ou lorsque, après cette exécution, les terrains ne sont plus propres à la culture, le propriétaire peut exiger du concessionnaire l'acquisition du sol. La pièce de terre trop endommagée ou trop dépréciée doit être achetée en totalité si le propriétaire l'exige.

Les indemnités auxquelles pourra donner lieu l'application du présent article, ainsi que les contestations qu'il soulèvera seront réglées par la juridiction civile. Il sera procédé devant ces tribunaux comme en matière sommaire et, s'il y a lieu, à expertise. Il pourra n'être nommé qu'un seul expert.

Lorsque l'occupation ou la dépossession devra être permanente, l'indemnité sera préalable. Toutefois, si l'urgence des travaux est reconnue par arrêté préfectoral, cet arrêté et l'arrêté déclaratif des droits seront notifiés et l'indemnité sera réglée dans les formes prévues par les articles 66 à 74 de la loi du 3 mai 1841, la juridiction civile restant compétente pour la fixation définitive de cette indemnité.

Art. 5. — Lorsque l'aménagement de l'entreprise nécessite l'occupation définitive de propriétés privées dans des cas autres que ceux prévus par l'article 4, l'utilité publique de l'entreprise peut, si l'intérêt économique de la nation le justifie, être déclarée par l'acte qui approuve la concession. Toutefois, lorsque la déclaration d'utilité publique n'est reconnue nécessaire que pour certains travaux et postérieurement à l'approbation de l'acte de concession, il est statué en conseil d'Etat.

Lorsque l'utilité publique a été déclarée, s'il y a lieu à expropriation, il est procédé, conformément à la loi du 3 mai 1841, sans qu'il soit en rien dérogé aux dispositions des articles 4 et 6.

Si, sur une même parcelle, il y a lieu à établissement d'une des servitudes prévues à l'article 4 et à acquisition en pleine propriété, le jury d'expropriation sera compétent pour statuer sur les deux indemnités.

Art. 6. — L'éviction des droits particuliers à l'usage de l'eau, exercés ou non, donne ouverture à une indemnité en nature ou en argent si ces droits préexistaient à la date de l'affichage de la demande en concession.

Lorsque ces droits étaient exercés à ladite date, le concessionnaire est tenu, sauf décision contraire du juge statuant ainsi qu'il est dit à l'avant-dernier paragraphe du présent article, de restituer en nature l'eau ou l'énergie utilisée, et, le cas échéant, de supporter les frais de transformations reconnues nécessaires aux installations préexistantes à raison des modifications apportées aux conditions d'utilisation.

Pour la restitution de l'eau nécessaire aux irrigations, le concessionnaire dispose des droits donnés au propriétaire par les lois du 29 avril 1845 et du 11 juillet 1847.

Pour la restitution de l'énergie sous forme électrique, le concessionnaire dispose des servitudes d'appui, de passage et d'ébranchage prévues par l'article 12 de la loi du 15 juin 1906.

En cas de désaccord sur la nature ou le montant de l'indemnité qui est due, la contestation est portée devant la juridiction civile. Le juge devra, en prononçant, concilier le respect des droits antérieurs avec l'intérêt de l'entreprise concédée.

L'indemnité qui est due pour droits non exercés à la date de l'affichage de la demande est fixée dans l'acte de concession.

Art. 7. — Une contribution de l'Etat peut être allouée sous forme d'avance ou de subvention, aux concessionnaires d'entreprises dont l'objet principal est la fourniture de l'énergie à des services publics ou intéressant la défense nationale, ainsi qu'à ceux qui prennent à leur charge des travaux d'aménagement susceptibles d'améliorer de façon notable les conditions d'utilisation agricole du cours d'eau ou de régulariser son régime.

L'acte de concession détermine l'importance et les conditions de cette contribution ainsi que le mode de remboursement des avances en capital et intérêts, et, le cas échéant, les modalités d'application des dispositions prévues aux paragraphes d, e, f, et g du 7ᵉ de l'article 10.

Toutefois, cette allocation doit être autorisée par une loi, si, pour une même entreprise, l'engagement de l'Etat doit porter sur plus de cinq exercices.

Art. 8. — Le concessionnaire est assujetti au payement d'une taxe annuelle proportionnelle à la puissance normale telle qu'elle est définie par l'article 3.

Le taux en est fixé à cinq centimes (0 fr. 05) par kilowatt.

Art. 9. — Indépendamment des réserves en eau et en force mentionnées au paragraphe 6 de l'article 10 et dont il doit être tenu compte pour la fixation des charges pécuniaires prévues ci-après, le concessionnaire est assujetti par l'acte de concession au payement de redevances proportionnelles, soit au nombre kilowatts-heure produits, soit aux dividendes ou aux bénéfices répartis, ces deux redevances pouvant éventuellement se cumuler. Toutefois, la redevance proportionnelle aux dividendes ou aux bénéfices ne peut être imposée que lorsque le concessionnaire est une société régie par la loi du 24 juillet 1867 et ayant pour objet principal l'établissement et l'exploitation de l'usine hydraulique.

Un tiers de la redevance proportionnelle est réparti par l'Etat entre les départements et les communes sur le territoire desquelles coulent les cours d'eau utilisés.

◆ La moitié du produit de cette fraction de la redevance est attribuée aux départements ; l'autre moitié est attribuée aux communes.

La répartition est faite proportionnellement à la puissance hydraulique moyenne devenue indisponible dans les limites de chaque département et de chaque commune du fait de l'usine.

Art. 10 — Le cahier des charges détermine notamment :

1° L'objet principal de l'entreprise ;

2° Le règlement d'eau et en particulier les mesures intéressant la navigation ou le flottage, la protection contre les inondations, la salubrité publique, l'alimentation et les besoins domestiques des populations riveraines, l'irrigation, la conservation et la libre circulation du poisson, la protection des paysages, le développement du tourisme ;

3° La puissance maximum et l'évaluation de la puissance normale de la chute faisant l'objet de la concession ;

4° Le délai d'exécution des travaux ;

5° La durée de la concession, qui ne peut dépasser soixante-quinze ans, à compter de l'expiration dudit délai :

6° Les réserves en eau et en force à prévoir, s'il y a lieu, au profit des services publics de l'Etat, ainsi qu'à celui des départements, des communes, des établissements publics, ou des associations syndicales autorisées et des groupements agricoles d'utilité générale, qui seront spécifiés dans un règlement d'administration publique ; les conditions dans lesquelles ces réserves doivent être tenues à la disposition des ayants droit notamment : la période initiale pendant laquelle aucun préavis ne sera nécessaire, les délais de préavis après l'expiration de cette période, les travaux qui peuvent être imposés au concessionnaire pour l'utilisation de ces réserves, ainsi que les tarifs spéciaux ou les réductions sur les tarifs maxima indiqués au 9° du présent article, applicables à ces réserves.

Lorsque des conventions ou accords sont déjà intervenus entre les demandeurs et les collectivités visées au paragraphe précédent, soit au point de vue financier, soit à celui des réserves en eau ou en force, ou lorsque l'acte de concession, par application de l'article 6, accorde une réparation en nature pour le payement des droits exercés ou non, ces accords devront être enregistrés par le cahier des charges et exécutés par le concessionnaire sans qu'il y ait lieu à révision à moins d'entente nouvelle entre les parties contractantes ;

7° La quantité d'énergie à laisser dans les départements riverains, pour être rétrocédée par les soins des conseils généraux ; la période initiale, qui ne pourra excéder l'année qui suivra la date fixée pour l'achèvement des travaux par le cahier des charges, durant laquelle cette énergie doit être tenue à la disposition du conseil général sans préavis ; les délais de préavis à l'expiration de cette période ; le délai qui ne pourra excéder la fin de la cinquième année, qui suivra la date fixée pour l'achèvement des travaux par le cahier des charges, à partir duquel le concessionnaire reprendra sa liberté pour les quantités non utilisées, à l'exception, toutefois, d'une fraction fixée par le cahier des charges et qui restera, à toute époque, à la disposition des départements, et, enfin, les tarifs de cession aux conseils généraux, qui ne pourront être inférieurs au prix de revient.

La totalité des réserves en force prévue à l'ensemble du présent paragraphe ne pourra priver l'usine de plus du quart de l'énergie dont elle dispose aux divers états du cours d'eau ;

8° Les conditions financières de la concession et notamment :

a) Le minimum au-dessous duquel la redevance proportionnelle au nombre de kilowattsheure produits ne peut descendre et les conditions dans lesquelles elle devra être revisée, tous les cinq ans, après une période initiale de dix ans ;

b) En cas de redevance proportionnelle aux dividendes ou aux bénéfices répartis et lorsque le concessionnaire est une société régie par la loi du 24 juillet 1867 et ayant pour objet principal l'établissement et l'exploitation de l'usine hydraulique, le capital initial auquel est constituée la société, ainsi que les conditions dans lesquelles doivent être soumises à l'approbation de l'administration les augmentations ultérieures de ce capital, les conditions financières de la participation de l'Etat aux bénéfices annuels de l'entreprise ; le taux de l'intérêt moyen annuel alloué au capital investi, non remboursé, à partir duquel l'Etat entre en participation ; le mode de calcul cette participation ; l'échelle progressive d'après laquelle est calculée la part revenant à l'Etat ; les conditions dans lesquelles l'Etat viendra au partage de l'actif net et après remboursement du capital en cas de liquidation ou à l'expiration de la concession, ces conditions devant être déterminées de telle façon que la part ainsi attribuée à l'Etat soit, autant que possible, équivalent à l'ensemble des sommes qui lui eussent été annuellement versées si les bénéfices disponibles avaient été intégralement distribués ;

c) Le montant des actions d'apport, entièrement libérées, qui pourront être attribuées à l'Etat en quantité variable notamment selon la classification du cours d'eau dont dépend la chute concédée, la puissance et la destination de l'usine ;

d) Lorsque l'Etat contribuera, sous forme d'avance, à l'aménagement de la chute d'eau dans les conditions prévues à l'article 7, le montant des obligations qui pourront lui être attribuées en proportion de sa contribution ;

e) Lorsque l'Etat contribuera, sous forme de subvention, à l'aménagement de la chute dans les conditions prévues à l'article 7, le montant des actions de second rang (dites ordinaires) qui pourront lui être attribuées en proportion de sa contribution ;

f) Lorsque l'Etat souscrira une partie du capital social, le montant des actions de premier rang (dites privilégiées) qui lui seront remises en représentation de sa participation ;

g) Dans tous les cas où l'Etat contribuera financièrement à l'entreprise, le nombre des représentants au conseil d'administration qu'il pourra exiger.

Il sera stipulé dans l'acte de concession que, s'il était ultérieurement établi, à la charge des usines hydrauliques, un impôt spécial instituant une redevance proportionnelle aux kilowattsheure produits ou aux dividendes et bénéfices répartis, les sommes dues à l'Etat au titre des redevances contractuelles résultant des dispositions de l'article 9 et de celles qui précèdent seraient réduites du montant de cet impôt ;.

9° S'il y a lieu, les tarifs maxima de l'entreprise ;

10° Les mesures nécessaires pour que, en cas de non-renouvellement de la concession, les travaux et aménagements nécessaires à la bonne marche et au développement de la future exploitation soient néanmoins entrepris et conduits, jusqu'au terme de la concession, dans l'intérêt bien entendu de l'entreprise et spécialement les règles d'imputation et d'amortissement des travaux de premier établissement qui, avec l'approbation de l'administration, seraient exécutés par le concessionnaire pendant les dix dernières années de la concession, le mode de participation de l'Etat à cet amortissement, les conditions administratives et financières dans lesquelles, pendant les cinq dernières années de la concession, le concessionnaire peut être astreint par l'Etat à exécuter des travaux nécessaires à la future exploitation : le mode de payement par l'Etat de ces travaux ;

11° Les terrains, bâtiments, ouvrages, machines et engins de toute nature constituant les dépendances immobilières de la concession et qui, à ce titre, doivent faire gratuitement retour à l'Etat en fin de concession, francs et quittes de tous privilèges, hypothèques et autres droits réels ;

12° Les conditions dans lesquelles, en fin de concession, l'Etat peut reprendre, à dire d'experts, le surplus de l'outillage ;

13° S'il y a lieu, les conditions dans lesquelles peut s'exercer la faculté de rachat après l'expiration d'un délai qui ne doit pas être inférieur à cinq ans, ni supérieur à vingt-cinq ans à compter de la date fixée pour l'achèvement des travaux, ainsi que le règlement des sommes qui seraient dues par le concessionnaire pour la mise en bon état d'entretien des ouvrages constituant les dépendances immobilières de la concession et qui seront prélevées, le cas échéant, sur l'indemnité de rachat ;

14° Les conditions et les formes dans lesquelles la déchéance peut être prononcée pour inobservation des obligations imposées au concessionnaire ;

15° Les conditions dans lesquelles, en cas de rachat ou de déchéance, l'Etat est substitué à tous droits et obligations du concessionnaire ;

16° Le cautionnement ou les garanties qui peuvent être exigées ;

17° Le montant des frais de contrôle qui sont supportés par le concessionnaire ;

Le dixième du produit de ces taxes et redevances sera inscrit au budget du ministère de l'agriculture, en vue de travaux tels que barrages, travaux de restauration et de reboisement destinés à conserver et à améliorer le débit des cours d'eau.

Art. 11. — Le concessionnaire peut être tenu de se substituer, dans un délai à fixer par le cahier des charges, une société anonyme. La substitution est approuvée par un décret rendu en conseil d'Etat.

Art. 12. — Toute cession totale ou partielle de concession, tout changement de concessionnaire, ne peut avoir lieu qu'après approbation donnée par décret en conseil d'Etat.

Art. 13. — Dix ans au moins avant l'expiration de la concession, l'administration doit notifier au concessionnaire si elle entend ou non lui renouveler sa concession. A défaut par l'administration d'avoir, avant cette date, notifié ses intentions au concessionnaire, la concession est renouvelée de plein droit aux conditions antérieures, mais pour une période de trente années seulement.

Les dispositions contenues dans le paragraphe précédent sont applicables avec les mêmes délais aux concessions renouvelées par tacite reconduction par période de trente années. S'il n'a pas été institué de concession nouvelle cinq ans au moins avant l'expiration de la concession, celle-ci se trouve renouvelée de plein droit aux conditions antérieures, mais pour une période de trente années seulement.

Le concessionnaire actuel aura un droit de préférence s'il accepte les conditions du nouveau cahier des charges définitif.

Art. 14. — Sont publiés au *Journal officiel*, dans le délai d'un mois à compter de l'acte approbatif, tous les actes de concession et, dans la première quinzaine de chaque trimestre, un état détaillé des subventions et des avances accordées pendant le trimestre précédent.

TITRE III

ENTREPRISES AUTORISÉES

Art. 15. — Les entreprises autorisées sont régies par les lois et règlements en vigueur, sous réserve des modifications prévues par la présente loi.

Art. 16. — Les autorisations sont accordées par arrêté préfectoral, quel que soit le classement du cours d'eau. Toutefois, sur les canaux de navigation ou les rivières canalisées, elles sont accordées par décret lorsque leur durée excède cinq ans.

Elles ne doivent pas avoir une durée supérieure à soixante-quinze ans. Elles ne font pas obstacle à l'octroi de concessions nouvelles, ni à l'application des articles 4 et 6. A toute époque, elles peuvent être révoquées ou modifiées sans indemnité dans les cas prévus par les lois en vigueur sur le régime des eaux.

Dans les cinq ans qui précèdent leur expiration, elles peuvent être renouvelées pour une durée de trente années. Un droit de préférence appartient au permissionnaire dont le titre vient à échéance.

Le renouvellement s'opère de plein droit pour ladite durée de trente ans si l'administration ne notifie pas de décision contraire avant le commencement de la dernière année.

Si l'autorisation n'est pas renouvelée, le permissionnaire est tenu de rétablir le libre écoulement du cours d'eau ; toutefois, l'Etat a la faculté d'exiger l'abandon, à son profit, des ouvrages de barrage et de prise d'eau édifiés dans le lit du cours d'eau et sur ses berges, le tout avec indemnité.

Le permissionnaire est assujetti au payement de la taxe dont le taux et le mode de recouvrement sont réglés par les articles 8 et 22 sans préjudice, en ce qui concerne les entreprises établies sur les cours d'eau du domaine public, des redevances domaniales qui seraient fixées par l'acte d'autorisation, conformément à la réglementation actuellement existante.

Toute cession totale ou partielle d'autorisation, tout changement de permissionnaire doit, pour être valable, être notifié au préfet qui, dans les deux mois de cette notification, devra en donner acte ou signifier son refus motivé. Cette disposition ne s'applique pas aux ventes en justice.

Art. 17. — Les entreprises autorisées peuvent, à toute époque, par un accord entre l'Etat et le permissionnaire, être placées sous le régime de la concession.

Elles le seront obligatoirement lorsque, à raison d'une augmentation de puissance ou du changement de leur objet principal, elles viendront à rentrer dans la catégorie de celles classées comme concessibles aux termes de l'article 2,

TITRE IV

ENTREPRISES ANTÉRIEUREMENT AUTORISÉES OU CONCÉDÉES

Art. 18. — Les entreprises autorisées à la date de la promulgation de la présente loi demeurent, pendant soixante-quinze ans, à compter de la même date, soumises au régime qui leur était antérieurement applicable avec payement du droit de statistique mais non de la redevance, s'il est légalement établi une redevance générale sur toutes les usines hydrauliques, à moins qu'au cours de cette période, ces entreprises ne passent sous le régime de la concession par un accord entre l'Etat et le permissionnaire, et sous réserve de leur suppression qui demeure possible dans les conditions prévues par les lois en vigueur sur le régime des eaux.

Ces entreprises, suivant qu'elles sont ou non réputées concessibles aux termes de l'article 2 sont, à l'expiration du régime provisoire prévu au paragraphe précédent et au point de vue des délais de préavis, du droit de préférence et de leurs conséquences, soumises respectivement aux dispositions des articles 13 et 16. Dans le cas où l'administration négligerait l'accomplissement des formalités prévues auxdits articles, le régime provisoire sous lequel elles sont placées continuerait à leur être applicable, mais pendant trente années seulement.

A l'expiration de la période de soixante-quinze ans, les entreprises visées au paragraphe précédent sont assimilées aux entreprises arrivant en fin de concession ou d'autorisation, sous réserve des dispositions ci-après :

Les terrains et tous immeubles par nature ou par destination constituant l'aménagement de la force hydraulique, y compris les machines hydrauliques et les bâtiments ou parties de bâtiments suffisants pour abriter ces machines, deviennent propriété de l'Etat. Cette transmission s'effectue moyennant une indemnité fixée par la juridiction civile, qui ne peut dépasser, en cas de concession, le quart de la valeur vénale estimée à cette époque, à dire d'experts, des terrains, immeubles, machines et bâtiments précités revenant à l'Etat. Toutefois, aucune indemnité n'est allouée pour la partie des biens établis sur le domaine public, ni lorsque l'entreprise fait l'objet, au profit du permissionnaire, dont le titre vient à échéance, d'une autorisation nouvelle ou d'une concession.

L'Etat peut également racheter, à dire d'experts, le surplus de l'outillage.

Celles des entreprises susvisées qui n'auraient pas commencé la construction de leurs ouvrages à la date du 1er août 1917 et seraient classées comme concessibles aux termes de l'article 2 peuvent, pendant cinq ans, à compter de cette date, être obligatoirement placées sous le régime de la concession, à défaut d'accord sur les stipulations de l'acte de concession ; l'Etat aura la faculté de retirer l'autorisation et de se substituer au droit du permissionnaire, moyennant une indemnité qui sera fixée par la juridiction civile et ne pourra dépasser le montant des dépenses utilement faites et dûment justifiées.

En aucun cas, le maintien des autorisations antérieures ne peut faire obstacle à l'octroi de concessions nouvelles ni à l'application des dispositions des articles 4 et 6.

Les dispositions des paragraphes 1er, 2, 3 et 4 du présent article ne sont pas applicables aux entreprises dont la puissance maximum ne dépasse pas 150 kilowatts ; ces entreprises demeurent autorisées conformément à leur titre actuel et sans autre limitation de durée que celle résultant de la possibilité de leur suppression dans les conditions prévues par les lois en vigueur sur le régime des eaux.

Art. 19. — Les exploitants, propriétaires ou locataires d'entreprises autorisées ou concédées à la date de la promulgation de la présente loi sont assujettis au payement de la taxe dont le taux et le mode de payement sont réglés par les articles 8 et 22.

Ils sont exonérés des redevances proportionnelles prévues à l'article 9, à moins qu'ultérieurement ne soit établi légalement sur toutes les usines hydrauliques un impôt spécial établissant une redevance proportionnelle aux kilowatts-heure produits ou aux dividendes et bénéfices répartis.

Dans le cas d'une entreprise réputée concessible et dont le permissionnaire ne serait pas conservé comme concessionnaire et pour que les aménagements nouveaux nécessaires à l'intérêt bien entendu de l'entreprise et à son avenir soient néanmoins exécutés, le permissionnaire pourra, dans les dix dernières années du régime provisoire, solliciter la participation de l'Etat.

Un contrat spécial déterminera la nature, l'importance et le coût des travaux, le mode de participation de l'Etat à ces derniers, les règles d'imputation et d'amortissement du montant des aménagements nouveaux.

Dans les cinq années qui précèdent la fin du régime provisoire, le permissionnaire pourra être astreint par l'Etat à exécuter les travaux et aménagements que ce dernier jugera nécessaires à la bonne marche et au développement de la future exploitation.

Dans ce cas, il appartiendra à l'Etat seul d'en régler le montant.

TITRE V

DISPOSITIONS GÉNÉRALES

Art. 20. — Les propriétaires d'usines et de terrains qui auraient profité directement des améliorations de régime des cours d'eau résultant de l'exécution de travaux par l'Etat, les départements, les communes ou leurs concessionnaires, à l'exception des arrosants qui avaient des droits antérieurs à la présente loi, pourront être tenus de payer des indemnités de plus-value qui seront réglées par le conseil de préfecture sauf recours au conseil d'Etat.

Les actions ou indemnités de plus-value ne peuvent être exercées qu'en vertu d'une autorisation préalable accordée par décret rendu en conseil d'Etat.

Le décret peut décider que les indemnités seront payables par annuités en tenant compte chaque année de l'utilisation effective du supplément d'eau ou de force motrice résultant des travaux.

Art. 21. — Les droits résultant du contrat de concession ou de l'arrêté d'autorisation d'aménagement des forces hydrauliques, sont susceptibles d'hypothèques.

Art. 22. — Le recouvrement des taxes et redevances au profit de l'Etat sera opéré d'après les règles en vigueur pour le recouvrement des produits et revenus domaniaux.

Les privilèges établis pour le recouvrement des contributions directes par la loi du 12 novembre 1808 au profit du Trésor public s'étendent aux taxes et redevances susvisées.

Art. 23. — L'Etat ainsi que les départements et les communes à qui des concessions seraient accordées ou attribuées peuvent exploiter directement l'énergie des cours d'eau.

Les départements, communes ou syndicats de communes et les établissements publics qui voudront participer financièrement à l'établissement d'usines hydrauliques auront les mêmes droits que l'Etat en ce qui concerne l'application de l'article 7 et des paragraphes d, e, f et g du 8º de l'article 10; mais les engagements qu'ils seront appelés à contracter de ce chef devront être préalablement approuvés par décision concertée du ministre de l'intérieur et du ministre chargé des forces hydrauliques.

Art. 24. — Les décrets approuvant des actes de concession ou accordant des autorisations, ainsi que les arrêtés d'autorisations, doivent être rendus ou le refus signifié aux pétitionnaires dans le délai maximum de six mois pour les autorisations et d'un an pour les concessions, à compter du dépôt de la demande et du dossier constitué ainsi qu'il sera spécifié par le règlement d'administration publique prévu par l'article 28, paragraphe 4.

Les ministres, dont l'avis est exigé par la loi ou par les règlements d'administration publique, doivent fournir leur réponse dans le délai de trois mois à partir de la date à laquelle cet avis leur est demandé ; passé ce délai, ils sont considérés comme acquiesçant sans observations aux propositions formulées.

Art. 25. — Les litiges dans lesquels l'Etat serait engagé par l'application de la présente loi peuvent être soumis à l'arbitrage tel qu'il est réglé par le livre III du code de procédure civile.

Le recours à cette procédure doit être autorisé par un décret délibéré en conseil des ministres et contresigné par le ministre compétent et par le ministre des finances.

Art. 26. — Aucune concession ou autorisation ne peut être accordée, aucune cession ou transmission de concession ou d'autorisation ne peut être faite qu'aux seuls Français.

Si le concessionnaire ou le permissionnaire est une société, celle-ci doit avoir son siège social en France et être régie par des lois françaises. Le président du conseil d'administration, les administrateurs délégués, les gérants, les directeurs ayant la signature sociale, les commissaires aux comptes et les deux tiers soit des associés en nom collectif, soit des administrateurs, soit des membres du conseil de direction ou du conseil de surveillance doivent être français.

Il ne peut être exceptionnellement dérogé aux règles qui précèdent que par décret délibéré en conseil des ministres et contresigné par le président du conseil, le ministre des travaux publics et celui des affaires étrangères.

Art. 27. — La dérivation à l'étranger de l'énergie électrique produite en France par des entreprises hydrauliques est interdite sous réserve des traités internationaux.

Par exception, un décret en conseil d'Etat, contresigné par le ministre des travaux publics et celui des affaires étrangères, peut autoriser pour une durée de vingt ans au maximum, mais renouvelable, le transport de la force électrique à l'étranger.

Art. 28. — Des règlements d'administration publique détermineront les conditions de l'application de la présente loi et fixeront notamment :

1° Les conditions dans lesquelles les propriétaires seront tenus de laisser faire sur leur propriété tous travaux de mensuration ou de nivellement ;

2° Le modèle du règlement d'eau pour les entreprises autorisées ;

3° Le texte des cahiers des charges-types des entreprises concédées ;

4° La forme des demandes ainsi que les documents justificatifs et les plans qui doivent y être annexés ;

5° La forme de l'instruction des projets et de leur approbation ;

6° La forme des différentes enquêtes relatives à l'autorisation ou à la concession des entreprises et à l'établissement des servitudes prévues par la loi. Ces enquêtes doivent obligatoirement comprendre, en cas de concession, la consultation des conseils généraux des départements sur lesquels s'étend le périmètre de la concession ou des commissions départementales à qui délégation, soit générale, soit spéciale, pourra être conférée à cet effet ;

Le délai dans lequel ces assemblées doivent formuler leur avis ;

7° L'étendue et les conditions d'exercice du contrôle technique et financier auquel les concessions sont soumises ;

8° Les conditions dans lesquelles il est pris acte, dans la loi ou le décret approuvant la concession des accords qui seraient intervenus avec les départements, les communes et les collectivités visées au paragraphe 6 de l'article 10 et notamment pour régler, le cas échéant, la participation du concessionnaire au réempoissonnement des rivières, à la reconstitution des massifs forestiers ou à l'amélioration du régime général des eaux ;

9° Les conditions administratives et financières auxquelles est soumise l'exploitation directe de l'énergie des cours d'eau par l'Etat, les départements et les communes ;

10° Les conditions dans lesquelles soit dans le cas d'exploitation directe par l'Etat, les départements et les communes, soit dans les entreprises privées, devra être organisée la participation du personnel aux bénéfices et à la gestion dans le cadre de la loi du 26 avril 1917 ;

11° Les mesures nécessaires pour assurer, en conformité de l'article 26, la prépondérence effective aux intérêts français dans l'administration des sociétés ;

12° La forme et le fonctionnement des ententes que l'administration pourra imposer, sous sa direction, et, le cas échéant, avec son concours financier dans les conditions fixées par les articles 7 et 10 de la présente loi, aux divers concessionnaires ou permissionnaires établis sur les cours d'eau d'une même vallée ou d'un même bassin :

a) Pour l'exécution des travaux d'intérêt collectif tels que lignes de jonction des diverses usines, lignes de transport dans les départements voisins, aménagement des réserves d'eau pour régulariser le régime de la rivière, enlèvement des graviers et des apports, etc.

b) Pour l'exploitation des installations ainsi faites, le tout en vue de l'échange, de la répartition, du transport et de la meilleure utilisation de l'énergie ;

c) Pour la fourniture aux agglomérations rurales de la quantité d'eau nécsssaire à leur alimentation.

Les ententes devront toujours être administrées par un conseil composé d'une part de représentants de l'Etat et des collectivités riveraines désignées par l'autorité concédante, et, d'autre part, d'un nombre égal de représentants nommés par les divers concessionnaires ou permissionnaires de la vallée ou du bassin.

Le président sera désigné par l'autorité concédante parmi les représentants de l'Etat ; sa voix sera prépondérante en cas de partage égal des voix.

Art. 29. — Les usines ayant une existence légale, ainsi que celles qui font partie intégrante d'entreprises déclarées d'utilité publique et pour lesquelles un règlement spécial sera arrêté par un décret rendu en conseil d'Etat, ne sont pas soumises aux dispositions des titres I et V de la présente loi. Toutefois, elles supporteront la taxe dont le taux et le mode de recouvrement sont réglés par les articles 8 et 22.

Les usines qui font partie intégrante d'entreprises déclarées d'utilité publique pourront bénéficier des dispositions des articles 4 et 6.

Art. 30. — Le ministre des travaux publics connaît de toutes les questions relatives à l'aménagement et à l'utilisation de l'énergie hydraulique. Il prend, dans la limite de ses attributions, toutes les décisions et ordonne toutes les mesures d'exécution nécessaires à l'application de la présente loi. Il est chargé en particulier d'assurer :

La préparation des règlements d'administration publique pris par application de la loi ;

L'exécution, d'accord avec le ministre de l'agriculture, des études utiles au développement de l'emploi de l'énergie hydraulique ainsi que la centralisation et, lorsqu'il y a lieu, la publication de tous les renseignements concernant l'aménagement et l'utilisation de cette énergie ;

L'établissement, d'accord avec le ministre de l'agriculture pour les cours d'eau qui ne font pas partie du domaine public, des plans généraux d'aménagement des eaux par vallées et par bassins dont il doit être tenu compte pour l'institution des concessions et des autorisations ainsi que pour le développement de l'agriculture, et pour la lutte contre les inondations ;

L'instruction des demandes en concession et en autorisation, en cession de concession ou ou d'autorisation, d'élaboration des conventions et des cahiers des charges, la présentation des projets de loi ou de décret approuvant une concession ou une autorisation ainsi que tous autres, pris en exécution de la présente loi ;

La gestion des usines qui seraient exploitées directement par l'Etat, l'exercice du contrôle de l'Etat sur les usines concédées ou autorisées, ainsi que celles ayant une existence légale, l'exacte application du cahier des charges et spécialement des règlements d'eau, la préparation et l'exécution des mesures relatives à la délivrance des concessions et du retrait des autorisations.

Pour les usines à établir par un autre département ministériel comme annexe à une entreprise reconnue d'utilité publique, la loi ou le décret de concession devra être contresigné par le ministre des travaux publics et le ministre compétent et, sur les cours d'eau qui ne font pas partie du domaine public, par le ministre de l'agriculture.

Les fonctionnaires et agents des services hydrauliques locaux du ministère de l'agriculture sont placés pour toutes les questions concernant l'aménagement de l'énergie hydraulique et notamment pour l'instruction des demandes en concession ainsi que pour le contrôle de ces entreprises sous l'autorité du ministre des travaux publics.

Art. 31. — Il est créé auprès du ministre des travaux publics un comité consultatif comprenant 7 députés et 5 sénateurs élus respectivement par les assemblées dont ils font partie et, en nombre égal, des représentants des industries aménageant ou utilisant l'énergie hydraulique, de l'agriculture, de la navigation et du tourisme, ainsi que la protection des sites, paysages et monuments naturels d'une part, des administrations publiques d'autre part, savoir :

1° 8 représentants professionnels des grandes industries aménageant ou utilisant les forces hydrauliques, 8 représentants professionnels de l'agriculture, 2 membres des chambres de commerce, 2 représentants de la navigation intérieure, et 2 représentants des associations de tourisme et de protection des sites, paysages et monuments naturels ;

2° 1 conseiller d'Etat, 1 jurisconsulte, 6 représentants de l'administration des travaux publics, 6 de l'agriculture, 2 des finances, 2 du commerce et de l'industrie, 1 de la guerre, 1 des postes et télégraphes, 1 de l'intérieur et 1 des beaux-arts. Jusqu'à la cessation des hostilités, le représentant du ministère de la guerre et un des représentants du ministère de l'agriculture seront remplacés par deux représentants du ministère de la reconstitution industrielle.

Les membres du comité consultatif sont nommés par décret rendu sur la proposition du ministre des travaux publics après avis :

1° Pour les représentants des administrations publiques, des ministres intéressés ;

2° Pour les représentants professionnels de l'industrie hydraulique et des chambres de commerce, du ministre du commerce et de l'industrie ;

3° Pour les représentants professionnels de l'agriculture, du ministre de l'agriculture.

En ce qui concerne les représentants administratifs et professionnels de l'agriculture, l'avis du ministre de l'agriculture doit être conforme.

Le conseiller d'Etat qui est désigné d'accord entre les ministres des travaux publics et de l'agriculture est de droit président du comité ; un vice-président, choisi parmi les membres du comité, est nommé par le ministre des travaux publics, après entente avec son collègue de l'agriculture.

Le comité consultatif donne son avis sur toutes les questions dont il est saisi par le ministre des travaux publics.

Les cahiers des charges types, les projets de règlements d'administration publique nécessaires à l'exécution de la présente loi, les plans généraux d'aménagements des eaux, les projets de loi ou de décret approuvant une concession ou accordant une autorisation, ainsi que tous autres actes pris en exécution de la loi sont obligatoirement soumis au comité.

L'exploitation d'une usine par l'Etat, en régie directe ou intéressée, ne peut être décidée qu'après avis conforme du comité. Il est institué auprès du comité consultatif un secrétariat comportant des rapporteurs adjoints et dans le sein du comité une section permanente pour l'expédition des affaires courantes ainsi que celles pour lesquelles délégation lui est donnée par le comité. La section permanente est présidée par le conseiller d'Etat, président du comité. La répartition des affaires entre le comité et la section permanente est fixée par un arrêté du ministre des travaux publics.

Un règlement d'administration publique déterminera les conditions d'application du présent article, notamment les conditions de fonctionnemenr du comité et de la section permanente ainsi que la composition de cette section qui devra comprendre sept membrés.

Art. 32. — Les décrets portant règlement d'administration publique, les décrets approuvant une concession ou accordant une autorisation, ainsi que tous autres pris en application de la présente loi, seront rendus sur le rapport et le contre-seing du ministre des travaux publics. Les décrets portant règlement d'administration publique et les décrets approuvant une concession sur les cours d'eau ne faisant pas partie du domaine public seront, en outre, contresignés par le ministre de l'agriculture.

Les décrets qui approuvent une concession comportant une subvention ou une avancé de l'Etat seront, de plus, contresignés par le ministre des finances.

Sur les cours d'eau ne faisant pas partie du domaine public, les autorisations seront accordées par les préfets sous l'autorité du ministre de l'agriculture, en se conformant au plan d'aménagement et après qu'ils auront avisé le ministre de l'agriculture et le ministre des travaux publics.

TITRE III

Art. 33. — Sont abrogées toutes les dispositions contraires à la présente loi.

Circulaire relative à l'utilisation généralisée de l'énergie électrique

Une circulaire ministérielle du 19 octobre 1919 [1] a commenté la loi.

Faisant ressortir les avantages considérables pour la réorganisation économique de notre pays de la production à bas prix et en grande quantité de l'énergie électrique, la circulaire donne des indications très précises sur les modalités à employer pour la meilleure utilisation de l'énergie et sa répartition entre les divers groupes de consommateurs.

[1] *Officiel* du 11 novembre 1919, page 12658.

TABLE DES MATIÈRES

CHAPITRE VIII

CHAPITRE IX

ANNEXES

APPENDICE

---

(1) Voir au chapitre VII : Redevances, texte du décret du 17 octobre 1907, modifié par celui du 7 septembre 1912.

l'Enseignement par Correspondance

SES AVANTAGES

L'enseignement par correspondance créé en Amérique où il est fort répandu, n'a aucun rapport avec d'autres méthodes d'enseignement par correspondance, qui s'ouvrent chaque jour. Cet enseignement, qui a exigé près de quinze années d'efforts ininterrompus, se plie à toutes les situations, à toutes les exigences, évite tout dérangement à l'élève qui peut n'y consacrer que ses moments de loisirs. Il permet à tous de conquérir une situation ou d'améliorer une situation déjà acquise.

L'enseignement est individuel ; l'élève en fixe lui-même le commencement et la durée ; les leçons qu'il reçoit lui sont personnelles.

Le bagage de l'enseignement par correspondance ce compose :

1º *D'ouvrages édités par l'École, spécialement pour le* **travail chez soi ;**

2º *De séries d'exercices englobant toute la substance des cours et exigeant pour être traitées la connaissance approfondie de ces cours ;*

3º *D'un tableau de travail ou plan d'études fixant, pour chaque période de travail dont la durée varie de 8 à 15 jours, suivant le temps dont l'élève dispose, la partie du cours à apprendre et la série d'exercices a rédiger.*

La marche de l'enseignement est très facile à comprendre. L'élève apprend d'abord la partie du cours indiquée par son plan d'études, traite ensuite les devoirs correspondants et les retourne à l'École pour correction. Ces devoirs, revêtus de notes, critiques et solutions du professeur, parviennent à l'élève, qui s'en pénètre et passe ensuite utilement à la tâche suivante, fixée par le tableau de travail. Un service spécial, suit les études de l'élève, le dirige et le conseille dans son travail.

LES RAISONS DE NOTRE SUCCÈS

Nous résumons succinctement les causes des brillants succès de l'École. Les personnes désireuses d'être complètement renseignées sur son fonctionnement n'auront qu'à demander le **Programme officiel qui leur sera adressé gratuitement par la Direction.**

1º L'École ne faisant aucun bénéfice sur son enseignement a pu établir des prix de préparation qu'**aucun établissement commercial** ne pourrait faire, **à valeur égale d'Enseignement.**

2º Étant la seule École de ce genre qui soit subventionnée en raison de la haute valeur de son enseignement, et recevant chaque année de nouvelles subventions, le prix de ses préparations va sans cesse en diminuant tandis que le nombre des cours augmente continuellement.

3º Son personnel, très sévèrement sélectionné, ne se compose que de professeurs, d'ingénieurs ou d'officiers ayant tous une certaine célébrité par les travaux qu'ils ont faits.

4º **Les professeurs enseignent par correspondance les cours qu'ils professent sur place. C'est la seule École par correspondance qui jouissent de cet avantage.**

5º La moyenne des élèves reçus aux concours et examens a dépassé jusqu'ici 95 %.

6º Chacun peut s'instruire sans que personne ne le sache, **même en suivant des cours dans une autre École.**

7º Tous les élèves se préparant aux carrières industrielles ou non reçus aux examens **sont rapidement placés par les soins de l'École.**

8º Grâce aux nombreux ouvrages de l'École (300 cours imprimés ou autographiés), réimprimés chaque année, les élèves ont non seulement les plus grandes facilités pour s'instruire, mais lorsqu'ils ont quitté l'École, ils peuvent encore suivre très rapidement les progrès réalisés chaque jour dans la Mécanique ou les Sciences.

9º Les diplômes de l'École sont très appréciés dans la Marine marchande et dans l'Industrie, à cause des capacités reconnues de nos élèves.

C'est d'ailleurs la seule École qui délivre pour toutes les *branches de l'Industrie* des diplômes à *tous les Grades* (**Contremaîtres, Conducteurs, Sous-Ingénieurs, Ingénieurs**).

10º Les anciens Élèves sont groupés en Association, ce qui permet à tous les adhérents de la Société d'être prévenus immédiatement des divers avantages pouvant les intéresser. (*Demander les statuts*).

11º Une revue technique mensuelle, " *Motor* " qui a justement et très rapidement acquis une place dans la littérature technique, traite de sujets originaux et fort intéressants. Un bulletin mensuel est de plus l'organe de la Société des Anciens Élèves qui le reçoivent gratuitement.

12º Les ouvrages de l'École du Génie Civil sont adoptés par les Écoles de la Marine et par de **nombreuses Écoles Industrielles. (Écoles d'Arts et Métiers, Instituts Électro-techniques, Écoles de Mécaniciens, etc.).**